宁夏高等学校一流学科建设（教育学学科）资助项目，项目编号"NXYLXK2021B10"

体育舞蹈的多元价值与技能训练研究

周春娟　著

吉林人民出版社

图书在版编目（CIP）数据

体育舞蹈的多元价值与技能训练研究 / 周春娟著.
-- 长春：吉林人民出版社, 2022.8
ISBN 978-7-206-19118-3

Ⅰ.①体… Ⅱ.①周… Ⅲ.①体育舞蹈 – 研究 Ⅳ.
① G831.3

中国版本图书馆 CIP 数据核字（2022）第 147361 号

责任编辑：韩春娇
封面设计：马静静

体育舞蹈的多元价值与技能训练研究
TIYU WUDAO DE DUOYUAN JIAZHI YU JINENG XUNLIAN YANJIU

著　　者：周春娟

吉林人民出版社出版　发行（长春市人民大街 7548 号　邮政编码：130022）
咨询电话：0431-85378033
印　　刷：北京亚吉飞数码科技有限公司
开　　本：710mm×1000mm　　　1/16
印　　张：9.5　　　　　　　　字　数：150 千字
标准书号：ISBN 978-7-206-19118-3
版　　次：2023 年 3 月第 1 版　　印　次：2023 年 3 月第 1 次印刷
定　　价：62.00 元

如发现印装质量问题，影响阅读，请与出版社联系调换。

前　言

体育舞蹈是一种综合性的运动，可以说是体育、舞蹈和艺术的结合体。正因如此，它具备了体育、舞蹈和艺术的特征，对参与其中的人有着诸多方面的好处。人们参与体育舞蹈，不仅可以收获强健的体魄、健康的心理，还能提高审美能力，更好地适应社会，这就彰显了体育舞蹈具有健身、健心、审美、社会适应等多元价值。

体育舞蹈作为一种身体运动，有着一定的运动规范，而且由于舞种多样，技术动作也较为复杂，掌握体育舞蹈的技能并不是简简单单就能实现的。这需要长期刻苦的训练，还需要掌握相关的科学理论知识，同时也要做好各方面的准备，保证技能训练的科学、有效和安全。

为了更清晰地展示体育舞蹈的多元价值，为体育舞蹈技能训练提供指导，特撰写《体育舞蹈的多元价值与技能训练研究》一书，通过本书深入分析体育舞蹈健身、健心、审美、社会适应价值，详细阐述体育舞蹈技能训练的科学理论以及各舞种的具体训练方法。

全书共有七章，其中第一章为体育舞蹈的生理学理论与健身价值，对体育舞蹈的生理学理论及健身价值的彰显进行了介绍；第二章为体育舞蹈的心理学理论与健心价值，主要涉及体育舞蹈的心理学理论及健心价值彰显；第三章为体育舞蹈的美学理论与审美价值，在分析体育舞蹈的美学理论基础上，对其审美价值的彰显进行了研究；第四章为体育舞蹈的社会学理论与社会适应价值，主要涉及体育舞蹈的社会学理论及社会适应价值的彰显；第五章为体育舞蹈技能训练的科学理论指导，重点对体育舞蹈技能训练的基本原理、体育舞蹈技能训练应遵循的基本原则、体育舞蹈技能训练的科学方法进行了说明；第六章从体能与营养准备、疲劳与恢复、运动伤病预防与处理等方面对体育舞蹈技能训练的科学监督与保障进行了研究；第七章是对体育舞蹈拓展项目技能训练的研究，主要研究了中外民族民间舞蹈、大众健身舞蹈以及校园集体舞蹈的技能训练。

  本书将理论与实践进行了有机结合,是一本集理论性、科学性、实用性等为一体的专业著作。本书对体育舞蹈爱好者和研究者有着重要的指导意义。

  在撰写本书的过程中,我参考并借鉴了相关专家、学者的研究成果和观点,在此表示最诚挚的感谢！另外,由于时间和精力有限,书中难免存在不足之处,恳请广大读者专家予以批评指正！

周春娟
2022 年 2 月

目 录

第一章 体育舞蹈的生理学理论与健身价值 ………………………… 1
第一节 体育舞蹈的生理学理论 ………………………………… 1
第二节 体育舞蹈健身价值的彰显 ……………………………… 11

第二章 体育舞蹈的心理学理论与健心价值 ………………………… 18
第一节 体育舞蹈的心理学理论 ………………………………… 18
第二节 体育舞蹈健心价值的彰显 ……………………………… 32

第三章 体育舞蹈的美学理论与审美价值 …………………………… 38
第一节 体育舞蹈的美学理论 …………………………………… 38
第二节 体育舞蹈审美价值的彰显 ……………………………… 47

第四章 体育舞蹈的社会学理论与社会适应价值 …………………… 51
第一节 体育舞蹈的社会学理论 ………………………………… 51
第二节 体育舞蹈社会适应价值的彰显 ………………………… 55

第五章 体育舞蹈技能训练的科学理论指导 ………………………… 65
第一节 体育舞蹈技能训练的基本原理 ………………………… 65
第二节 体育舞蹈技能训练应遵循的基本原则 ………………… 67
第三节 体育舞蹈技能训练的科学方法 ………………………… 69

第六章 体育舞蹈技能训练的科学监督与保障研究 ………………… 87
第一节 体育舞蹈技能训练的体能与营养准备 ………………… 87
第二节 体育舞蹈技能训练的疲劳与恢复 ……………………… 102
第三节 体育舞蹈技能训练的运动伤病预防与处理 …………… 108

第七章 体育舞蹈拓展项目的技能训练研究…………………118
第一节 中外民族民间舞蹈的技能训练…………………118
第二节 大众健身舞蹈的技能训练…………………124
第三节 校园集体舞蹈的技能训练…………………128
参考文献…………………143

第一章　体育舞蹈的生理学理论与健身价值

体育舞蹈是体育与音乐的结合体,人体参与体育舞蹈需要身体各部位的参与,因此包含着丰富的生理学理论,只有对这些生理学理论有一定的了解,才能正确地进行体育舞蹈运动,也才能在体育舞蹈运动中收获理想的健身效果。

第一节　体育舞蹈的生理学理论

一、人体的运动系统

体育舞蹈是一种体育运动,需要人体运动系统的支持。骨骼、肌肉和关节构成了人体的运动系统,它们的情况在很大程度决定运动者的体育舞蹈运动能力。

(一)骨骼

1.骨的结构、分布与分类

人共有206块骨,其中中轴骨有80块,四肢骨有126块。图1-1所示的是骨的结构。

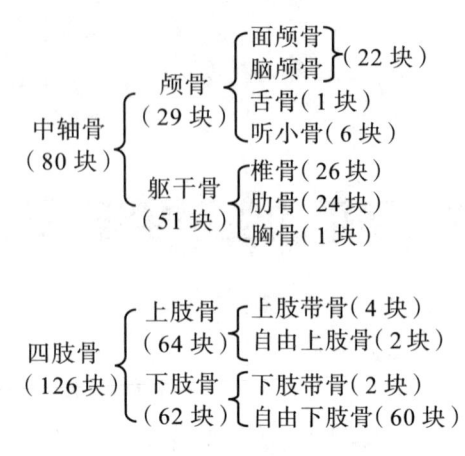

$$\text{中轴骨}(80\text{块})\begin{cases}\text{颅骨}(29\text{块})\begin{cases}\left.\begin{array}{l}\text{面颅骨}\\\text{脑颅骨}\end{array}\right\}(22\text{块})\\\text{舌骨}(1\text{块})\\\text{听小骨}(6\text{块})\end{cases}\\\text{躯干骨}(51\text{块})\begin{cases}\text{椎骨}(26\text{块})\\\text{肋骨}(24\text{块})\\\text{胸骨}(1\text{块})\end{cases}\end{cases}$$

$$\text{四肢骨}(126\text{块})\begin{cases}\text{上肢骨}(64\text{块})\begin{cases}\text{上肢带骨}(4\text{块})\\\text{自由上肢骨}(2\text{块})\end{cases}\\\text{下肢骨}(62\text{块})\begin{cases}\text{下肢带骨}(2\text{块})\\\text{自由下肢骨}(60\text{块})\end{cases}\end{cases}$$

图 1-1 骨的结构

身体中不同部位的骨,其形态会有所区别。常见的有长骨、短骨、扁骨、不规则骨四种形态(图 1-2)。

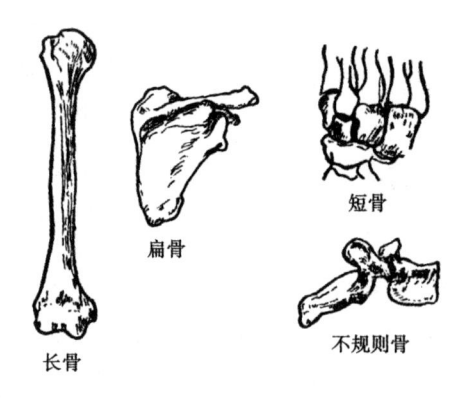

图 1-2 根据形态对骨的分类

2. 骨的功能

骨骼在人体发展中扮演着重要的角色,这些功能能支撑人体及支持人体的运动行为。人体骨骼的功能主要体现在图 1-3 的几个方面。

第一章　体育舞蹈的生理学理论与健身价值

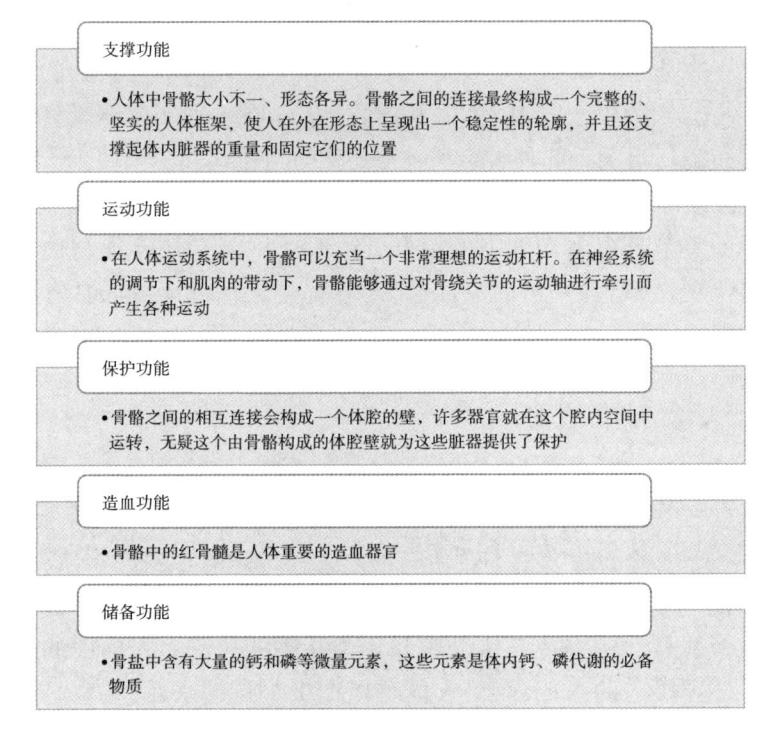

支撑功能
- 人体中骨骼大小不一、形态各异。骨骼之间的连接最终构成一个完整的、坚实的人体框架，使人在外在形态上呈现出一个稳定性的轮廓，并且还支撑起体内脏器的重量和固定它们的位置

运动功能
- 在人体运动系统中，骨骼可以充当一个非常理想的运动杠杆。在神经系统的调节下和肌肉的带动下，骨骼能够通过对骨绕关节的运动轴进行牵引而产生各种运动

保护功能
- 骨骼之间的相互连接会构成一个体腔的壁，许多器官就在这个腔内空间中运转，无疑这个由骨骼构成的体腔壁就为这些脏器提供了保护

造血功能
- 骨骼中的红骨髓是人体重要的造血器官

储备功能
- 骨盐中含有大量的钙和磷等微量元素，这些元素是体内钙、磷代谢的必备物质

图 1-3　骨的功能

（二）肌肉

肌肉在人体系统中扮演着十分重要的角色，它是人体运动系统的重要组成部分，人的各种动作及行为都离不开肌肉运动。肌纤维可以说是肌肉的基本组成单位，若干肌纤维排列成肌束，若干肌束聚集起来构成肌肉。

一般来说，人体肌肉主要包括骨骼肌、平滑肌和心肌三种类型，其中骨骼肌数量最多，大约600多块，主要附着在骨骼上，根据骨骼肌外形的不同，可以将骨骼肌分为长肌、短肌、扁肌和轮匝肌四种类型。

（三）关节

关节在人体运动系统中也扮演着十分重要的角色。关节可以说几乎参与到所有人体的运动行为之中，可以说，如果没有关节这一结构，人体的多数动作都是难以实现的。关节的活动是由骨骼肌的带动牵引完成的，通过骨骼肌的带动，运动环节会绕关节的某一轴运动，如此形成各种人体想要做出的动作。

关节的基本运动形式有四种,具体为在矢状面内绕冠状轴的屈和伸运动;在冠状面内绕矢轴的外展和内收运动;在水平面内绕垂直轴的旋转运动和绕环运动。此外,滑动、水平屈和水平伸也是关节的运动形式。

人们参加各种各样的运动锻炼,都需要关节的参与。经常参加运动也能帮助关节部位活动能力的提升,除此之外,运动还能提高关节囊和韧带的伸展性,增强关节的灵活性,对于促进人体健康发展具有非常重要的作用。

二、人体的新陈代谢

（一）水代谢

水对于生命的意义是不言而喻的。人体中含量最多的物质就是水,水也占有人体体重的绝大部分比例。作为如此重要的人体物质,保持体内的水平衡显然是维持人体健康和正常活动的关键。人体中的水分多来自从外界摄入的水或食物,人体可以产生少量的水,这些水是由体内物质代谢过程中产生的附属物质。人体内水的排出有多种方式,主要方式为以尿液的形式排出体外,次要方式还有出汗、粪便排泄以及呼吸等。处于运动中的人体体内的热量会不断聚集,为了维持正常体温,此时就需要通过排汗的方式将热量带出体外。

（二）糖代谢

糖是人体所需的重要的营养成分,是人体非常重要的供能物质。人体中的糖主要是从植物或动物类食物中获得的。当糖进入体内后,会在消化酶的帮助下转换为葡萄糖分子,继而被机体吸收。但如果摄取的是果糖,其吸收与利用的过程就会变得相对复杂一些。

血糖的功能主要是合成糖原这种大分子糖的必要要素。糖原有肌糖原和肝糖原两种,从名称可知这两种糖的存储位置不同。需要注意的是,人体的肝脏也能合成葡萄糖或糖原,这就是糖的异生。糖的异生在血糖功能发展中扮演着十分重要的角色。

人们要参加体育舞蹈都需要一定的能量供应,只有如此运动才能顺利地进行。一般来说,人体所需的能量主要来自人体内糖的分解代谢。人体中糖的分解代谢有有氧氧化、糖酵解等几种过程形式,不同分解代谢的触发时机不同,并且也有着不同的供能特点。运动虽然运动量不大,但也会消耗运动者一定的能量。人体在运动的过程中,肌肉中的 ATP、CP 被消耗,此时肌糖原开始无氧分解过程从而开始调动体内供能。这一过程中肌细胞内钙含量也开始上升,同时增加的还有生长激素、甲状腺激素、雄性激素、儿茶酚胺等,种种改变使肌细胞产生了一些适应性变化,进而增大 EK、PFK、磷酸化酶等的活性。而这也是超量恢复理论的重要基础。

人们长时间参加体育舞蹈,会消耗大量的糖,在运动结束后要及时补充糖分是非常有必要的。如果体内存储有足够的糖,并且有足够的氧摄入,则通过糖的有氧代谢方式就可以供给机体在运动中所需的能量,这就是我们通常所说的糖的有氧代谢。

(三)脂代谢

脂肪在人体发展的过程中也扮演着十分重要的角色,通常来说,人体内的脂肪主要来自摄入体内的动物脂肪和植物油。脂肪有疏水性的特点,这使得它要想在人体的水环境中分解就需要酶的参与,或是借助从外界摄入的各种乳化剂才行。与糖相比,脂肪的吸收与转化就稍显复杂。

人体对脂肪的吸收可通过小肠上皮细胞直接吞饮脂肪微粒,另一种方式为脂肪微粒的各种成分进入小肠上皮细胞接受再度分解后重新合成脂肪所形成乳糜微粒,该微粒和大分子脂肪酸一并被转移进淋巴管,而甘油和小分子脂肪酸则会溶于水后被吸收。如此来看,淋巴和血液是脂肪吸收的两种途径。其中,淋巴吸收是最为主要的途径。当脂肪被吸收之后多数会存储于皮下、大网膜或肌肉细胞中,少量脂肪还会以合成磷脂、合成糖脂和合成脂蛋白的形式存储在体内。

脂肪的分解代谢过程最终会产生能量供人体活动所需。但脂肪供能不是运动后第一时间开始的,调动脂肪供能并没有那么容易,往往只是在人体进行那种时间长、运动强度中低等的运动时才会调动脂肪予以供能。脂肪供能是通过有氧代谢完成的,在脂肪的分解代谢过程中其首先会被分解为甘油和脂肪酸,然后继续分解为二碳单位,其最终的分解产物为二氧化碳和水。

（四）蛋白质代谢

蛋白质是一种重要的营养素,对于人体而言非常重要。蛋白质同样也是构成人体的基本单位——细胞中的主要成分就是蛋白质。人体中的蛋白质也是在消耗与补充的动态过程中保持一个平衡。如果要测量人体中蛋白质的代谢状况,可通过测定摄入的氮含量和排出的氮含量的方式进行。一般来说,人体的生理活动状况决定蛋白质的代谢状况。"氮总平衡"的状态多出现于正常成年人之中,此时人体体内的蛋白质的分解与合成基本持平。少年和儿童则不同,因为他们正处于身体生长的快速期,这使得他们体内的蛋白质合成量大于分解量,由此体内的氮就会呈现出一种正平衡的状态。而患有某种消耗性疾病的人体内的蛋白质合成量小于分解量,由此体内的氮就会呈现出一种负平衡的状态。

（五）维生素代谢

维生素属于人体的一种微量元素。但对人体生长发育和代谢的维持与运转是不能缺少的重要营养元素。维生素在人体中是不能自行合成的,要想获取维生素只能通过摄入食物的形式。维生素的种类众多,每种维生素对人体都有不同的作用,而人体则需要全面的维生素补充才能保持机体的正常运转。维生素的奇特之处在于,不同类型的维生素都拥有各自独特的结构。虽然维生素对人体起着较多作用,但人体的细胞结构中却不含维生素,且维生素也并不参与对人体能量的提供工作。它们最大的功能就是给体内的能量代谢过程和各种调节过程给予辅助力。

一般来说,维生素在人体中主要是参与辅酶的生成过程。如果人体缺乏某种维生素,就会导致某种酶的催化能力受到限制,从而引发体内的代谢失调。不过尽管维生素的作用如此之大,但摄入过量的维生素也是不行的,这会给人体带来极大的危害。因此,人体摄入的维生素一定要足量而不要过量。

（六）无机盐代谢

无机盐普遍存在于常见食物中。人体对无机盐的存储主要为以磷酸盐的形式存储在骨骼中。除此之外,还有一些少量的如钙、镁等少量的无机盐会以离子的形式存在于体内。

第一章 体育舞蹈的生理学理论与健身价值

无机盐的重要作用在于调节体内渗透压,以及维持体内酸碱平衡。在体液中,无机盐会被解离为离子,体液中的离子有阴阳之分,其在体内的细胞代谢过程中的作用是不可替代的。

三、人体的供能系统

（一）磷酸原系统

当人体的磷酸原系统是当ATP被分解放能后,磷酸肌酸（CP）随即分解并促进ATP再生成的系统。这是一个持续时间非常短暂的过程,过程中不需要氧的参与,也不产生乳酸,据此也被称为"非乳酸能系统"。生理学研究认为,人体全部肌肉中ATP-CP系统的供能维持人的运动时间仅仅为8秒钟。由此可总结出磷酸原系统供能的特点为供能快、功率高、总量小、持续时间短。

（二）糖酵解系统

当机体的持续运动时间在8秒以上且强度较大时,迅速提供短期能量供给的磷酸原系统就会显得鞭长莫及。此时,能够支持运动所需ATP再合成的能量来源就要依赖于糖酵解系统提供了。

作为糖酵解系统中的重要原料,肌糖原在分解葡萄糖为乳酸的过程中生成ATP。如果过程中能持续有氧的参与,所产生的乳酸中一部分会在线粒体中被氧化生能,另一部分则会合成肝糖原。如果没有氧的参与,则在生成能量的同时还会生成乳酸。乳酸是强酸的一种,这种物质在体内堆积过多会破坏内环境的酸碱平衡稳态,它直接会导致肌肉工作能力下降,给身体带来疲劳感。如此看来,依靠糖原的无氧酵解这种供能方式只能维持肌肉工作几十秒,但毕竟这一系统能在缺氧的时候还能产生能量供体内急需,所以,这种供能方式还是有很大作用的。如果用公式的形式表达,可将这一系统的供能过程表示为：骨骼肌糖原或葡萄糖ATP+乳酸。

总体而言,两大供能系统的供能过程都可以在没有氧的条件下供能,其都是人体运动时的无氧代谢供能系统的组成部分,充当着短时间内人体能量供给者的角色。

(三)有氧氧化系统

人体在氧供应充足的条件下进行运动时,体内所需的ATP是由糖、脂肪的有氧氧化来提供的。这种对ATP的提供方式具有量大和持续时间长的特点,由此使得有氧氧化系统就成为运动供能的主要方式。

有氧氧化系统具有一定的供能特点,这决定了其是为人们的那种长时间、高耐力的运动提供能量的系统。而就人的耐力素质来说,其有氧代谢能力和心肺功能是非常重要的二者之间的联系非常密切。

四、生理学理论在体育舞蹈中的体现

(一)体育舞蹈中人体的生理学变化

1. 心血管系统的变化

在进行体育舞蹈的过程中,人体会出现一定的生理变化,主要表现为血液循环加快等心血管系统的变化,具体反应如图1-4所示。

心肌兴奋性提高,收缩力量不断增强,冠状动脉的血管壁扩张	肌肉血管和毛细血管壁扩张,人体内环境中的血液向血液循环系统中大量流入
呼吸加深,胸腔内负压升高,静脉血快速回流心脏	动脉血压升高,血流速度加快,氧的运输能力得到加强

图1-4 心血管系统的变化

2. 呼吸系统的变化

体育舞蹈伴随着一定的负荷强度,这会直接影响参与者的呼吸系统,主要表现在对呼吸频率和呼吸气量的变化上。体育舞蹈技能培训时间长,负荷强度大,对人体的肺活量是一定的锻炼,通过长期的训练,体育舞蹈舞者的肺活量适应性不断增强,以不断满足人体对氧气的需求和代谢的需要。

3. 新陈代谢的变化

在进行体育舞蹈的过程中,人体内的新陈代谢也会发生一定的变

化,主要表现为代谢速度快。具体反映如图1-5所示。

能量代谢

机体内环境在动作难度、负荷强度、心理波动以及运动环境等因素的影响下会产生很多能量

糖和维生素代谢

糖作为主要供能物质,通过分解供能来满足人体在长时间、高强度运动中所需的能力。如果运动时间更长,此时供能形式就转化为肝糖原分解供能。消耗大量的肝糖原会导致人体血糖降低,产生疲劳症状。在运动过程中,维生素的消耗与糖相似,而且糖消耗越多,维生素也消耗越多

图1-5 新陈代谢的变化

（二）体育舞蹈中人体的运动表现

1. 体育舞蹈中髋部运动环节

在体育舞蹈中,尤其是拉丁舞中,有着复杂而繁多的髋部动作。具体来说,体育舞蹈中髋部运动环节的运动形式有图1-6所示的几种。

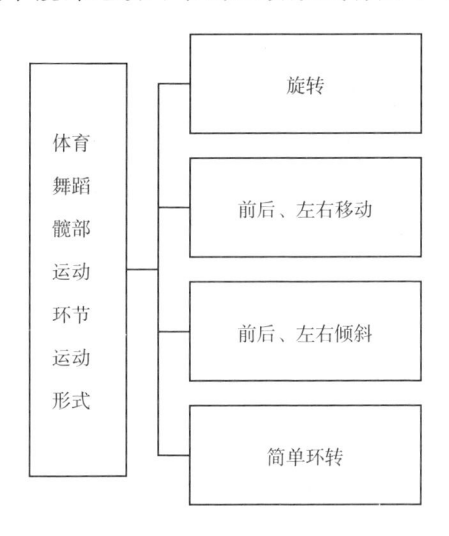

体育舞蹈髋部运动环节运动形式：
- 旋转
- 前后、左右移动
- 前后、左右倾斜
- 简单环转

图1-6 体育舞蹈中髋部运动环节的运动形式

2.体育舞蹈运动中人体重心的变化

在体育舞蹈运动中,随着身体姿态的不断变化,人的身体重心也在不断改变。人体重心变化主要涉及重心升高、重心降低、重心后移。身体重心具体变化如图1-7所示。

- **重心升高**：在垂直站立状态下,身体重心沿垂直轴向上下方向移动,向上移动称为重心升高
- **重心降低**：在垂直站立状态下,身体重心沿垂直轴向上下方向移动,向下移动称为重心降低
- **重心前移**：在垂直站立状态下,身体重心在冠状面前后移动,向前移动称为重心前移
- **重心后移**：在垂直站立状态下,身体重心在冠状面前后移动,向后移动称为重心后移

图1-7 体育舞蹈中人体重心的变化

不同舞种身体重心变化情况不同,如拉丁舞、摩登舞就不同,其区别见图1-8。

拉丁舞
- 髋部运动环节在水平面运动时,髋部与身体纵轴之间的距离越大,重心越低,髋部动作幅度越大,动作就越稳定。在桑巴舞中,弹动动作是在下蹲和髋部环转中完成的,这一过程中身体重心的升降非常有节奏感

摩登舞
- 重心的升高与降低主要通过下蹲和跨步动作实现。探戈舞运动中,身体重心在一个平面上一直保持不变

图1-8 拉丁舞与摩登舞身体重心变化的不同

第二节　体育舞蹈健身价值的彰显

一、改善生理机能

体育舞蹈的生理价值主要指参与体育舞蹈不仅能促进舞者身体各系统的良性发展,还能使其身体适应能力得到提高。

（一）体育舞蹈对人体各系统发展的促进

1. 体育舞蹈对神经系统的发展

人体的神经系统对人体做出各种动作起着支配和协调作用。体育舞蹈中的舞蹈动作各种各样,涉及力量、速度、耐力、协调性等各种类型,这些动作的做出,是对人体神经系统的锻炼,可以使神经系统的兴奋性增强,抑制作用增强,增进大脑的调节功能、活动强度、反应速度和精确性等。体育舞蹈的负荷量相对较大,这也对神经系统动员和调节各个器官系统机能的能力提出了较高的要求,加上体育舞蹈比赛与练习的环境相对开放,对舞者的应激能力是较大的刺激,因此会使舞者神经系统的调节能力得到改善,反应速度及灵活性得到提高,使人体活动中动作更灵敏、协调、准确。此外,参与体育舞蹈运动会促进舞者血液循环的加快,这客观上促进了脑部供氧的增多,能够提高大脑抗疲劳的能力,进而延长工作时间。

2. 体育舞蹈对循环系统的发展

体育舞蹈对循环系统的发展主要体现在促进心肺及血管的发育、改善其功能、提高血液循环的质量上。经常参加体育舞蹈,可以使心脏增大,重量增加,外形丰满,力量变大,从而提高收缩能力；经常参加体育舞蹈,可以增加人体血管壁的弹性和毛细血管的数量,增粗冠状动脉口径,减少外周阻力,使静脉血液回流速度加快,回流量增多,供营养能力增强；经常参加体育舞蹈,血液总量约占体重增加,并使其大量参与循环,保证了肌肉活动时的血液供给,同时还增加了血液中的红细胞、白细胞和血红蛋白数量,从而提高工作的耐久力和缺氧的耐受力。

3. 体育舞蹈对呼吸系统的发展

参与体育舞蹈,可以改变呼吸器官的结构,提高呼吸系统的机能水平。舞者在跳舞时,消耗的氧气较多,并要呼出大量的二氧化碳,这样就锻炼了舞者的呼吸系统,促进了肺泡的生长和发育。在参加体育舞蹈时,人的呼吸深度会加大,呼吸频率相对减少,肺泡弹性增大,肺活量、肺通气量指标明显增大。呼吸机能会表现出节省化现象,能够长时间保持稳定的工作能力,并且有很大的机能储备力,使人体具有适应更大强度工作对呼吸系统的要求。

4. 体育舞蹈对运动系统的发展

体育舞蹈每个动作的做出,都是对人体肌肉的刺激,这能使运动器官特别是肌肉的毛细血管组织和肌肉内的化学成分与形态结构等发生良性变化,主要表现为使肌肉中的毛细血管增多、肌肉纤维增粗、结缔组织增多、肌肉的生理横断面和体积增加、皮下脂肪减少。这些变化提高了人体的基础代谢率,还加强了肌肉收缩时的力量,使肌肉的收缩速度加快,弹性、柔韧性增强,灵活性、耐久性提高。参加体育舞蹈可以强化骨结构,提高骨性能,主要表现在骨长度增加、骨密质增厚、骨径变粗、骨小梁的排列根据拉力和压力的不同更加整齐和有规律。这些变化会使骨更加粗壮、坚固,提高了骨的抗断、抗弯、抗压的性能。参加体育舞蹈可以增强关节周围的肌肉和韧带以及关节囊的力量,从而加强了关节的稳固性。同时,还能改善关节周围的韧带、肌肉的伸展性,提高关节的柔韧性和灵活性。

5. 体育舞蹈对消化系统的发展

参加体育舞蹈,人体的呼吸加深,膈肌大幅度地上下移动和腹肌大量活动,这对胃肠能产生一种按摩作用,对增强胃肠的消化功能有良好的影响,不仅增进人的食欲,还增强了肠胃的消化功能。消化功能的增加意味着消化腺分泌的消化液增多,消化管道的蠕动更强,就使食物的消化和营养物质的吸收更加充分和顺利。

(二)体育舞蹈对身体适应能力发展的促进

身体适应能力是人在外界环境影响下,受中枢神经系统支配,不断调节有机体使之处于正常的稳定的机能活动状态。体育舞蹈运动对人体适应能力的发展有着重要的促进作用。

人们参加体育舞蹈运动,是在各种环境与条件下进行的,在这种刺激下,人体的神经系统支配作用得到了锻炼,从而提高了社会适应能力。参加体育舞蹈时,人体的基础代谢率、血管收缩的反应性等得到较大改善,体温调节能力加强,其对气候的变化反应迅速;在遇到危险时,也能及时有效地做出防护动作。正是如此,相对一般人来说,体育舞蹈舞者对环境的适应能力及对疾病的抵抗能力要强一些。

健身是运动者参与体育舞蹈的一个重要价值受益,健身是对身体健康的促进,通过体育舞蹈参与的各种身体活动作用于有机体,可促进有机体的良性发展,这种良性发展是通过对有机体的多方面生理干预和促进来实现的。具体表现在以下几个方面。

二、促进生长发育

(一)促进新陈代谢

体育运动可以促进新陈代谢,体育舞蹈伴随着全身的运动,参与者新陈代谢旺盛,可以增加有机体的代谢,从而促进营养的吸收和代谢物的排除,有利于机体保持良好的物质基础条件。尤其是对于青少年来说,他们处于身体发育的关键期和高峰期,通过参与体育舞蹈,可以实现生长发育的迅速和健康。

(二)促进骨骼生长

体育舞蹈包含多个舞种,每个舞种都涉及不同部位的锻炼,通过体育舞蹈的练习,参与者的骨骼生长可以得到促进。

体育舞蹈促进骨骼生长的价值见图1-9。

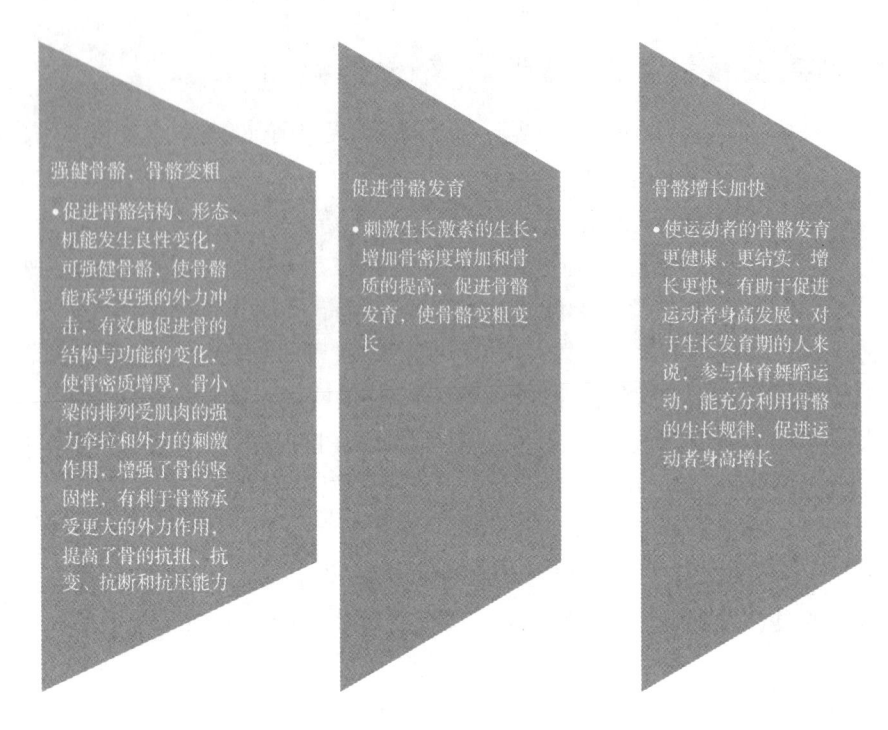

强健骨骼，骨骼变粗
- 促进骨骼结构、形态、机能发生良性变化，可强健骨骼，使骨骼能承受更强的外力冲击，有效地促进骨的结构与功能的变化，使骨密质增厚，骨小梁的排列受肌肉的强力牵拉和外力的刺激作用，增强了骨的坚固性，有利于骨骼承受更大的外力作用，提高了骨的抗扭、抗变、抗断和抗压能力

促进骨骼发育
- 刺激生长激素的生长，增加骨密度增加和骨质的提高，促进骨骼发育，使骨骼变粗变长

骨骼增长加快
- 使运动者的骨骼发育更健康、更结实、增长更快，有助于促进运动者身高发展，对于生长发育期的人来说，参与体育舞蹈运动，能充分利用骨骼的生长规律，促进运动者身高增长

图 1-9　体育舞蹈对骨骼生长的价值

三、提高身体素质

参与体育舞蹈，可以提高身体素质，主要体现在发展力量、增强耐力、改善柔韧性与灵敏性、各项素质协调发展方面。

（一）发展力量

体育舞蹈要求运动者具备一定的动作力量，这也就意味着，通过参与体育舞蹈运动，运动者的力量素质可以得到不断提高。体育舞蹈发展力量的作用见图 1-10。

（二）增强耐力

实践证明，体育舞蹈可最终促进肌肉耐力的提高。体育舞蹈对肌肉耐力提高的效果包括图 1-11 的几个方面。

第一章 体育舞蹈的生理学理论与健身价值

动作力量
- 舞者的动作技术完成需要对技术动作的力度进行很好的把握，这是对肌肉力量素质的锻炼

协调能力和肌肉、身体弹动力
- 体育舞蹈内容丰富，各舞种风格各异，在体育舞蹈参与中有许多身体弹动性的动作，这些动作对于整个身体的协调能力和肌肉、身体弹动力具有很好的锻炼作用

力量控制力
- 体育舞蹈参与过程中，人体的肌肉力量表现出了运动美，这种运动美是建立在良好的力量控制力基础上的

图 1-10 体育舞蹈发展力量的作用

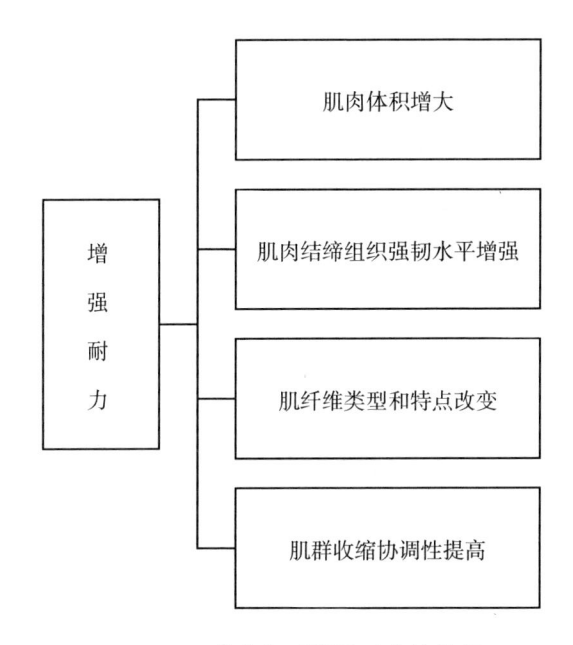

增强耐力：
- 肌肉体积增大
- 肌肉结缔组织强韧水平增强
- 肌纤维类型和特点改变
- 肌群收缩协调性提高

图 1-11 体育舞蹈增强耐力的体现

（三）改善柔韧性与灵敏性

体育舞蹈舞种众多，风格与特点不一，各种舞种的具体动作也因此

存在不同,具体的技术动作不同,对舞者的身体素质的要求也就不同,但在体育舞蹈中,各种摆、踢、抬、扭摆、跳跃、转体等动作是较为常见的,这些动作的完成对舞者全身各个部位协调参与是一种考验和锻炼。与其他一些体育项目相比,体育舞蹈对舞者的身体柔韧性要求较高,尤其是体育舞蹈中的屈、展、踢腿、劈腿等动作,都与人体的柔韧性与灵敏性紧密相关,通过长期的体育舞蹈练习,柔韧性和灵敏性不断提升。

舞蹈对舞者的柔韧性要求较高,尤其是肩关节、髋关节、腿部及腰部等的柔韧性,只有具有良好的柔韧性,体育舞蹈中的各种高难度动作才能顺利完成,也才能在激烈的舞蹈比赛中占得先机。

体育舞蹈赛事是一项多对选手同场竞技的观赏性赛事,数量众多的选手同场竞技时有发生碰撞和摩擦的危险,要想在运动中减小此种情况发生的概率,甚至是避免这种危险,良好的灵敏性是不可缺少的。只有具有良好的灵敏性,才能在紧急情况下做出及时的反应,同时保证动作完成质量。经常参加体育舞蹈,接受各种情况的考验,自然就不断使灵敏性得到提升。

(四)各素质协调发展

体育舞蹈可以促进人体各素质的协调发展。究其原因,是因为体育舞蹈各种动作的完成,都不是调动单一一种身体素质就能实现的,多个身体素质的配合是前提和基础,也正因此,在体育舞蹈中,舞者的各种身体素质得到了发展和提高。

体育舞蹈促进人体各素质协调发展的具体情况如图1-12所示。

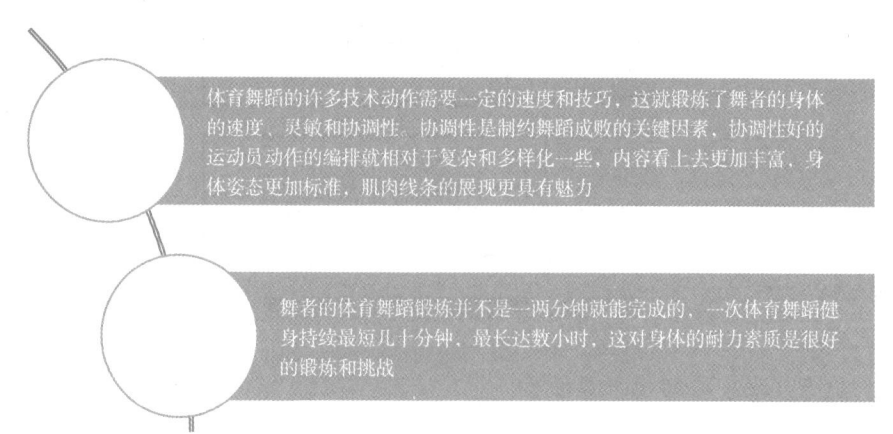

体育舞蹈的许多技术动作需要一定的速度和技巧,这就锻炼了舞者的身体的速度、灵敏和协调性。协调性是制约舞蹈成败的关键因素,协调性好的运动员动作的编排就相对于复杂和多样化一些,内容看上去更加丰富,身体姿态更加标准,肌肉线条的展现更具有魅力

舞者的体育舞蹈锻炼并不是一两分钟就能完成的,一次体育舞蹈健身持续最短几十分钟,最长达数小时,这对身体的耐力素质是很好的锻炼和挑战

第一章 体育舞蹈的生理学理论与健身价值

长期科学地参与体育舞蹈健身锻炼，可促进舞的舞蹈技术动作的熟练，这就意味着舞者的动作力量的发展

体育舞蹈的编排并非随心所欲的，必然需要遵循人体运动的基本规律和体育舞蹈的发展变化规律与特点，对科学的体育舞蹈的学练，因为符合人体生长发展和发育规律，也自然能促进身体各项素质的发展

图 1-12　体育舞蹈促进人体各素质协调发展的具体情况

四、发展智力

体育舞蹈对于舞者的智力的有效开发表现如图 1-13 所示。

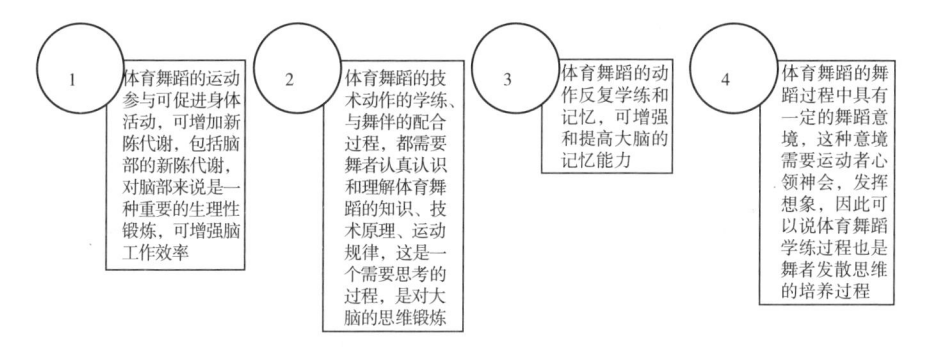

1. 体育舞蹈的运动参与可促进身体活动，可增加新陈代谢，包括脑部的新陈代谢，对脑部来说是一种重要的生理性锻炼，可增强脑工作效率

2. 体育舞蹈的技术动作的学练、与舞伴的配合过程，都需要舞者认真认识和理解体育舞蹈的知识、技术原理、运动规律，这是一个需要思考的过程，是对大脑的思维锻炼

3. 体育舞蹈的动作反复学练和记忆，可增强和提高大脑的记忆能力

4. 体育舞蹈的舞蹈过程中具有一定的舞蹈意境，这种意境需要运动者心领神会，发挥想象，因此可以说体育舞蹈学练过程也是舞者发散思维的培养过程

图 1-13　体育舞蹈对于舞者的智力的有效开发

第二章 体育舞蹈的心理学理论与健心价值

在体育舞蹈运动过程中,涉及人体的心理变化,因此在体育舞蹈中也包含心理学理论,只有对体育舞蹈中的心理学理论有深入的认识和了解,才能更好地发挥体育舞蹈的健心价值。

第一节 体育舞蹈的心理学理论

一、运动动机

运动动机是运动心理学的一个重要因素,动机可以说是驱使个体进行活动的心理动因或内部动力。在动机的激发和影响下,人们能产生各种各样的行为,建立良好的动机是十分重要的。在良好的动机刺激下,人们的活动能向着正确的方向发展,能充分满足人们的需求,实现既定的目标。

(一)动机的形成条件

具体而言,影响动机的因素主要包括内部与外部两个方面。作为体育舞蹈的参与者,要充分认清这两方面的因素。

1. 内部条件

动机的产生需要一定的条件,而内部条件就是作为重要的一个方面,人的内部条件主要指的是人的"需求",它是个体由于缺乏某种事物而引发的多种不适感。在这样的情况下,人们能激发出强烈的行为。

2. 外部条件

外部条件主要指的是运动个体多接受的各种外部环境刺激,这些刺激也会对人的各种活动产生重要的影响。在外部环境的刺激和影响下,人们能产生不同的动机,因此,营造良好的环境条件对于促进人们的动机和行为具有非常重要的作用。

(二)动机的分类

动机可以依据不同的标准划分为不同的类型。

1. 以需求性质为依据进行划分

以需求为依据可以将人的动机划分为以下两种。

(1)生物性动机

生物性动机是人与动物都所拥有的一种动机,如人们困了就要睡觉、饿了就要吃饭等就属于这一种动机。这一动机的结果非常明显,具有直接性的特点。

(2)社会性动机

社会性动机是为了满足个体的社会属性而产生的动机。人们要想更好地在社会上立足就需要与人沟通与交往,这就是人们的社会性动机。这与动物之间有着一定的区别。

2. 以兴趣特点为依据进行划分

以兴趣为依据可以将动机划分为以下两种。

(1)直接动机

直接动机是指那些以直接兴趣为基础且指向活动过程本身的动机。在有些时候,人们参加某一项运动的目的在于对这一项运动的兴趣,能够积极主动地去参加这一项运动,这一项运动符合自身的兴趣期待,参加这一项运动能获得极大的满足感,这就是直接动机。

(2)间接动机

间接动机是指那些以兴趣导向为基础且指向活动的结果的动机。在间接动机的影响下,人们喜爱并时常参加某一项运动,但是他们参加这一项运动的主要目的不在于运动本身,而是能通过参加这一项运动所表现出来的能力能够得到其他人的认可,这就是间接动机。在间接动机下,参与活动者通常关注的是运动导致的结果,如获得比赛胜利、受到他人的赞赏等。

3. 以情感体验为依据进行划分

以情感体验为依据可以将动机分为以下两种。

（1）缺乏性动机

缺乏性动机是以将危险、威胁、缺乏等需要予以排除为特征的动机。这一种动机主要是在厌恶心理的驱使下产生的，如果人们实现了某个任务和目标，这一动机也就会慢慢消失。

（2）丰富性动机

顾名思义，丰富性动机的内容是非常丰富的，如享乐、满足、成就感等是这一动机下产生的内容。这一动机是与缺乏性动机相反的，在这一动机的驱使下，人们会不断地去追求心理上的满足感和成就感，他们在获得这么感受后通常会以更加积极的心态投入学习和工作之中。由此可见，这种动机与缺乏性动机是截然不同的，在这一动机的驱使下，人们会寻求更大的目标，实现更大的理想。

4. 以动机来源为依据进行划分

以动机来源为依据可以将动机分为以下两种。

（1）内部动机

内部动机主要是以生物性需要为基础的，在这一动机的影响下，人们通过参加各种活动获得某种能力，体现出自身的价值，获得成就感和满足感。如人们参加游泳运动锻炼，不能促进了身形的完善，还极大地提升了自己的无氧与有氧耐力，促进了自身体质的增强。

（2）外部动机

外部动机主要是以人们的社会性需要为基础，在这一动机之下，人们主要通过参加各种活动来获得奖励或实现某种目的，这种动机主要来自外部的动员力量，人们的具体行为驱动主要受此影响。

（三）动机的作用

动机对人的行为会产生各种各样的影响，由此可见动机的作用是非常大的，归纳起来，可以将动机的作用分为以下几点。

1. 始发作用

通过各种动机的影响,人们能参加各种健身活动,从而促进自身体质的增强,这就是动机的始发作用。

2. 指向或选择作用

不同动机会对人们产生不同的影响,如人们参加某一项运动通常是处于健身的动机、娱乐的动机等,由此可见,动机具有一定的指向和选择作用。这一作用是十分明显的。

3. 强化作用

动机还具有重要的强化作用。动机是维持、增加或制止、减弱大众健身运动的力量。要想保持一个参与的积极度,就需要将参与动机保持在较高水平。动机强度越高,人们对参与健身活动的热情和积极性就越高,也更乐于为此付出努力、时间甚至金钱。

（四）动机的产生

动机的产生有两个必要条件,即内部条件和外部条件。具体如图2-1所示。

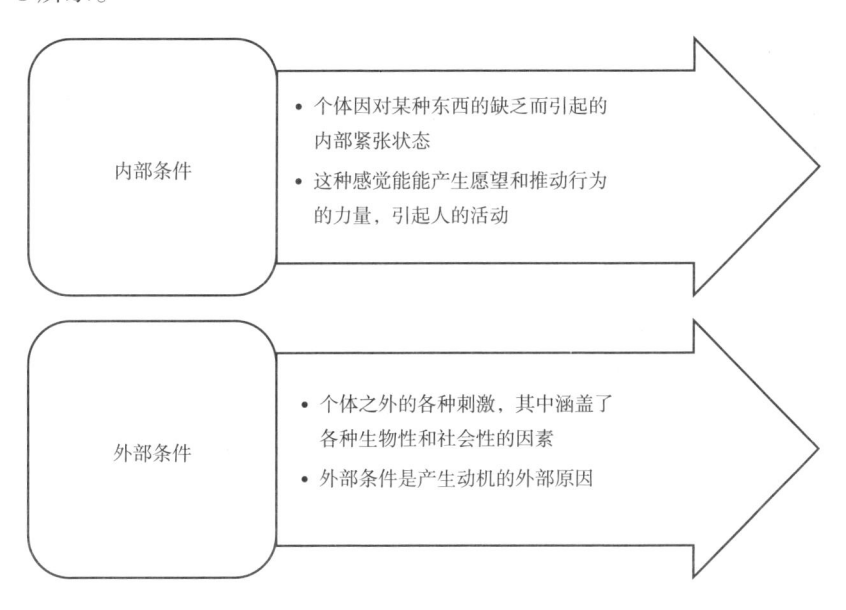

内部条件
- 个体因对某种东西的缺乏而引起的内部紧张状态
- 这种感觉能产生愿望和推动行为的力量,引起人的活动

外部条件
- 个体之外的各种刺激,其中涵盖了各种生物性和社会性的因素
- 外部条件是产生动机的外部原因

图 2-1　动机产生的条件

（五）动机的培养与激发

动机的作用非常重要,需要采取一定的手段和方法对其进行培养和激发,使运动者有相应的动机,提高运动的主动性和积极性。

动机培养与激发的方法有图 2-2 中的几种。

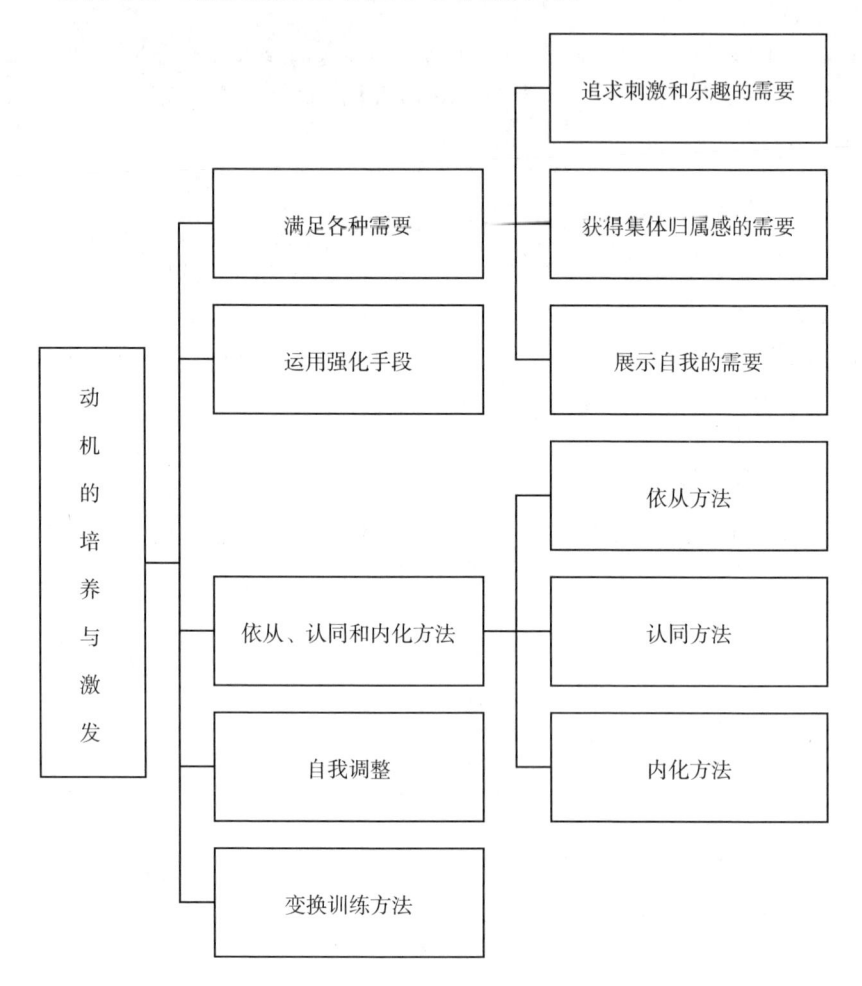

图 2-2 动机培养与激发的方法

二、运动与情绪

情绪能够反映人对某种事物的态度,是衡量体育活动对人的心理健康状态影响的一项重要指标。一般情况下人会在进行体育活动的过程中获得比较积极的情绪体验。一旦出现这种体验,参与者就会获得积极的心理暗示,达到一种身体轻松、心情愉悦、自信提升的状态。还有研究表明,参加体育活动的人的自我评价一般比不参与的人高,而且对自我的认可程度与体育活动呈正方向变化,这种表现在女性身上表现得更加明显。现代社会,体育活动已经不单单具备健身功能,还是一种供人们调节情绪的解压手段。

人们在参加体育舞蹈时,良好的情绪也会对其产生积极的影响,在良好的情绪状态下参加运动锻炼通常能取得不错的效果。如果是带着良好的情绪参与体育运动锻炼,则会起到为体育运动锻炼"增力"的效果,运动者在锻炼中会表现出高昂和积极的精神状态;反之,运动者参与锻炼的态度就是消极的,无法取得理想的锻炼效果。

三、运动与智力

智力也是运动心理学的重要内容。人们参加各种各样的活动需要具备一定的智力,对于职业运动员或者一般的运动爱好者而言同样也需要具备相关的智力条件。人的智力会伴随着身体的发育而不断增长,但这种增长趋势会随着年龄的继续增长而出现智力发展与身体发育相脱离的现象,在这一情况下,人的智力与身体活动能力之间的相关很低。但即便如此,人的智力与身体活动能力之间的联系仍然是不可磨灭的。如人们在学习某种新的技术动作时,不仅需要身体素质的支撑,同时还需要一定的观察能力、思维理解能力和想象能力等,只有如此才能学习和掌握运动技能。在职业体育运动中,运动智能对于运动员技战术水平的提高具有十分重要的意义。

四、运动与意志

意志品质是人们在面对困难情况时表现出来的勇敢、积极、顽强的心理,是人们成长、发展过程中必不可少的一种品质,而进行体育活动是培养意志品质的一项重要手段。培养意志必须要经历两个过程,一是"明确目的",二是"克服困难"。体育活动,尤其是竞技运动,首先就会确定锻炼的目标,无论是想要锻炼身体还是取得优秀的竞赛成绩,都是

"明确目标"的体现。而在体育运动的过程中,人们难免遇到客观条件的变化、身体因素的影响、心理因素的障碍,解决这种困难继续参加体育活动,就是"克服困难"的体现。对于青少年人们来说,健身锻炼是对其进行意志品质教育的一种重要而有效的手段;而对于运动员们来说,竞技项目的竞争本质也会促使他们在不断进取的过程中培养坚强的意志品质。

五、运动与兴趣

体育运动本身具有娱乐的性质,人们参加体育活动的一个重要心理动机就是兴趣,如少年儿童进行体育活动一般都是游戏天性使然,而且兴趣也是人们选择体育项目的重要导向。心理调查显示,娱乐性、趣味性、竞争性比较强的体育项目在青少年中更受欢迎,这些项目的吸引力可以促使青山年参加体育活动。年纪较大的人对体育项目的兴趣一般以锻炼目的为基础,满足锻炼需求的基础上选择感兴趣的项目,老年人培养锻炼兴趣对享受运动锻炼非常重要。

六、运动与应激

应激是指个体对应激源或刺激所做出的各种反应。对于一般的运动爱好者而言,在处于高应激的状态下,最好不要参加一些运动强度较大的运动项目,否则就会增加更多的应激源,不仅不利于运动锻炼的顺利进行,甚至还可能会发生运动损伤,得不偿失。

运动者在参加体育舞蹈的过程中,对应激的控制应重点关注以下两点。

(1)运动锻炼要合理,要努力产生积极的应激。应激引起机体的本能反应是"搏斗或逃跑",这时体内动员能量的交感—肾上腺机制,血液中儿茶酚胺水平升高,如果进行大量的运动锻炼,运动机体的能量就会得以释放。如果运动能量被动员而无法释放则会严重扰乱运动机体的身心平衡状态,不利于身体技能的良好发展。

(2)避免参加过量的运动锻炼。如果运动者参加了过量的运动锻炼就容易产生心理耗竭的现象,心理耗竭主要指的是运动者在一定的精神压力下参加运动锻炼,会给自己的身体和心理带来一定的负面影响,产生负效应。在心理耗竭的影响下,运动者是难以取得理想的锻炼效果的,因此一定要采取各种手段与措施避免心理耗竭现象。

七、运动与认知

认知,简单地说就是人对客观事物的认识,它是一种心理想象,也是一个过程。人从一生下来就具有这种能力,而且会随着环境、年龄、心理等因素的变化而变化。一般来说,认知过程包括图2-3中的几个过程。

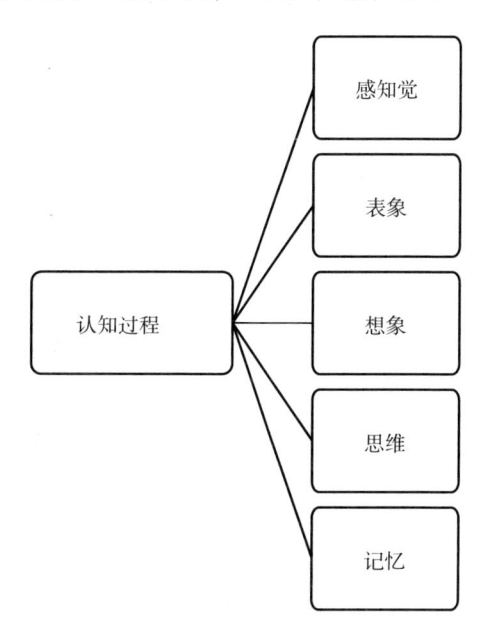

图2-3 认知过程

（一）感知觉能力

感知觉能力包括感觉与知觉,它们是人脑对于直接作用于感觉器官的客观事物的个别属性和整体的反映,是认识的开端和起点。

感觉与知觉的区别如图2-4所示。

感觉

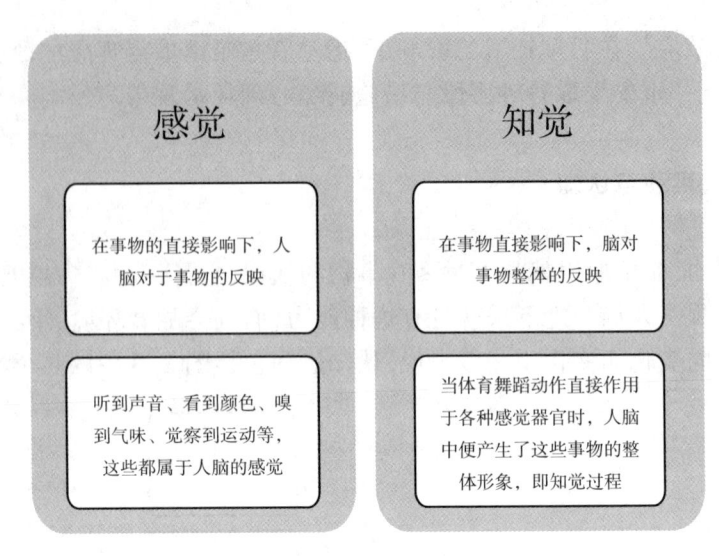

在事物的直接影响下，人脑对于事物的反映

听到声音、看到颜色、嗅到气味、觉察到运动等，这些都属于人脑的感觉

知觉

在事物直接影响下，脑对事物整体的反映

当体育舞蹈动作直接作用于各种感觉器官时，人脑中便产生了这些事物的整体形象，即知觉过程

图 2-4　感觉和知觉

（二）思维能力

思维是一种很复杂的过程，是人脑对事物本质属性和内在规律的反映。

思维与感知觉的区别如图 2-5 所示。

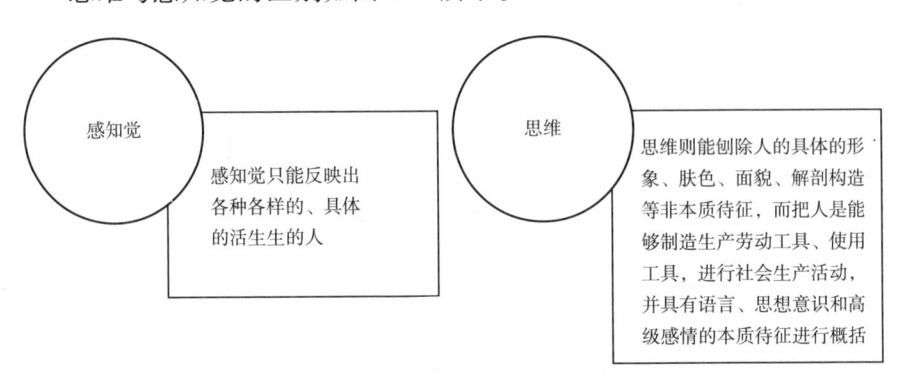

感知觉　　感知觉只能反映出各种各样的、具体的活生生的人

思维　　思维则能刨除人的具体的形象、肤色、面貌、解剖构造等非本质特征，而把人是能够制造生产劳动工具、使用工具，进行社会生产活动，并具有语言、思想意识和高级感情的本质特征进行概括

图 2-5　思维能力与感知觉的对比

八、运动与唤醒、焦虑

（一）唤醒

唤醒是指有机体总的生理性激活的不同状态或不同程度。唤醒有

图 2-6 中的三种表现。它们可以单独存在,也可以同时存在,起着维持和改变大脑皮层的兴奋性保持觉醒状态的作用。

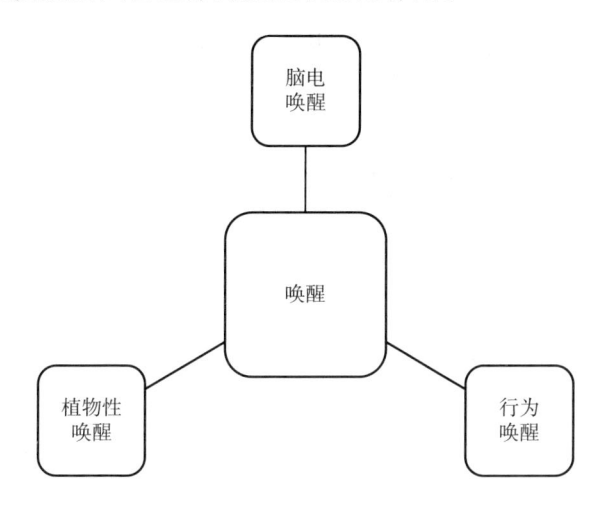

图 2-6 唤醒的三种表现

（二）焦虑

当人面对障碍不能克服,或者目标未能实现的情况下,会有身心平衡被打破的感觉,由此会产生紧张、担忧甚至恐惧的情绪状态,这就是焦虑。

焦虑主要有四种,具体如图 2-7 所示。

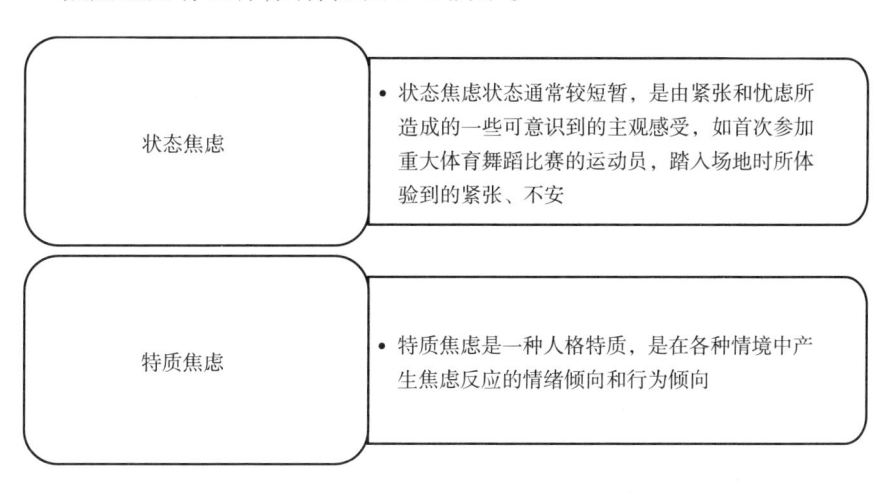

状态焦虑	• 状态焦虑状态通常较短暂,是由紧张和忧虑所造成的一些可意识到的主观感受,如首次参加重大体育舞蹈比赛的运动员,踏入场地时所体验到的紧张、不安
特质焦虑	• 特质焦虑是一种人格特质,是在各种情境中产生焦虑反应的情绪倾向和行为倾向

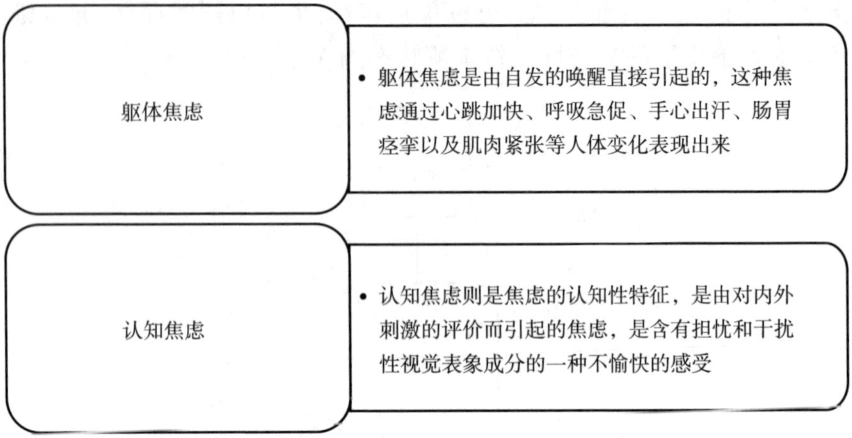

躯体焦虑	• 躯体焦虑是由自发的唤醒直接引起的，这种焦虑通过心跳加快、呼吸急促、手心出汗、肠胃痉挛以及肌肉紧张等人体变化表现出来
认知焦虑	• 认知焦虑则是焦虑的认知性特征，是由对内外刺激的评价而引起的焦虑，是含有担忧和干扰性视觉表象成分的一种不愉快的感受

图 2-7　常见的四种焦虑

九、运动心理过程

（一）感知过程

1. 感觉系统

感觉系统包括动觉、视觉、听觉和触压觉，具体如图 2-8 所示。

2. 知觉系统

知觉系统主要涉及空间知觉、时间知觉、运动知觉和专门化知觉。具体如图 2-9 所示。

（二）记忆过程

记忆有很多种，如形象记忆、情绪记忆、运动记忆。其中运动记忆与人体的肌肉联系紧密，人的一举一动都有运动记忆的影子。

1. 短时运动记忆与长时运动记忆

与记忆相同，运动记忆也有着短时与长时之分，这两种运动记忆在日常生活的运动中都是常常发生的。图 2-10 说明了短时运动记忆与长时运动记忆的区别。

第二章 体育舞蹈的心理学理论与健心价值

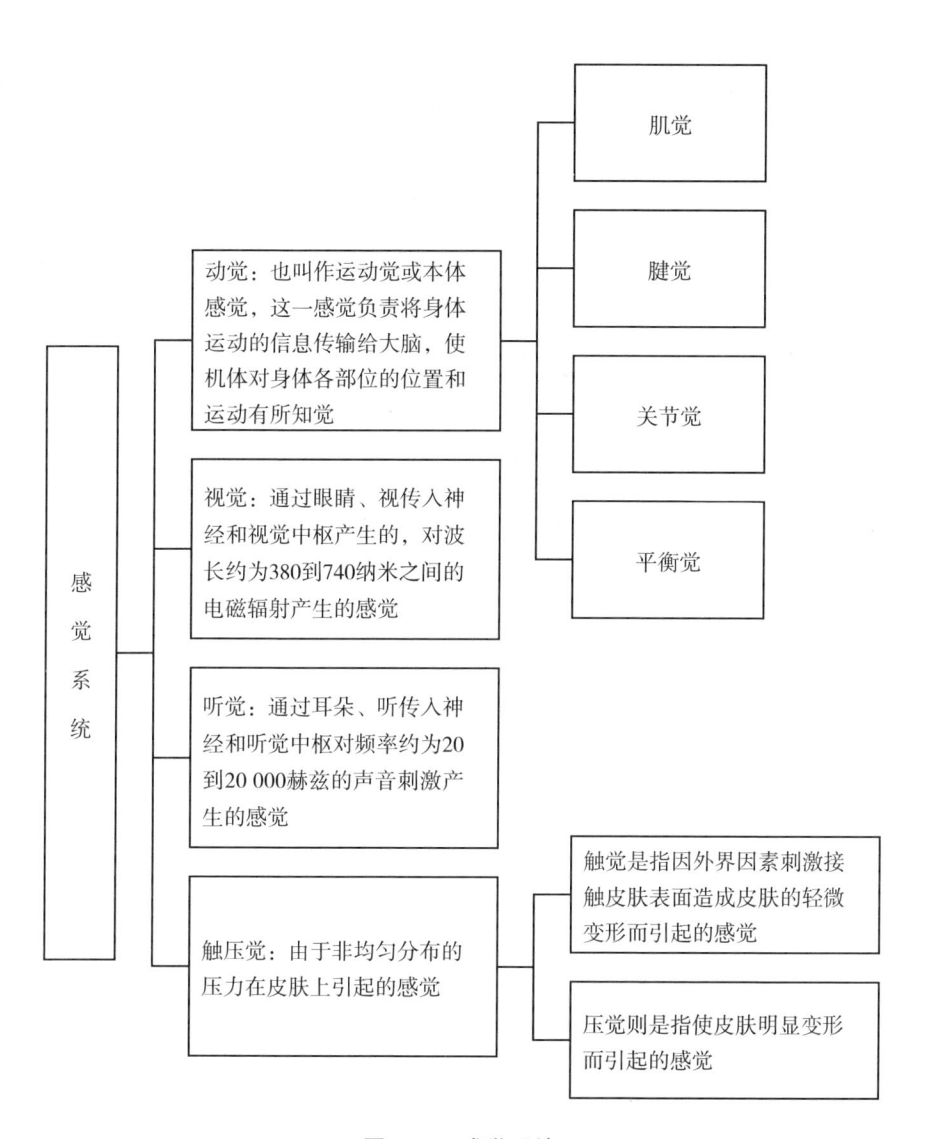

```
感觉系统
├── 动觉：也叫作运动觉或本体感觉，这一感觉负责将身体运动的信息传输给大脑，使机体对身体各部位的位置和运动有所知觉
│   ├── 肌觉
│   ├── 腱觉
│   ├── 关节觉
│   └── 平衡觉
├── 视觉：通过眼睛、视传入神经和视觉中枢产生的，对波长约为380到740纳米之间的电磁辐射产生的感觉
├── 听觉：通过耳朵、听传入神经和听觉中枢对频率约为20到20 000赫兹的声音刺激产生的感觉
└── 触压觉：由于非均匀分布的压力在皮肤上引起的感觉
    ├── 触觉是指因外界因素刺激接触皮肤表面造成皮肤的轻微变形而引起的感觉
    └── 压觉则是指使皮肤明显变形而引起的感觉
```

图 2-8 感觉系统

体育舞蹈的多元价值与技能训练研究

知觉系统

- 空间知觉：对物体空间特性的反映，包括形状知觉、大小知觉、深度知觉、立体知觉、空间定向等
  - 方向知觉
  - 距离知觉

- 时间知觉：对时间长短、快慢、节奏和先后次序关系的反映，能够揭示出客观事物运动和变化的延续性和顺序性

- 运动知觉：对外界物体运动和机体自身运动的反映，通过视觉、动觉、平衡觉等多种感觉共同协调活动来实现
  - 对自身运动的知觉主要是通过人体中的运动分析器获得的，运动分析器的感受器主要是肌腱和韧带中的感觉神经末梢
    - 根据动作的形态、幅度以及时空等特征进行区分，自身运动的知觉可以分为四类：运动形态知觉、运动幅度知觉、自身运动的时间知觉和身体空间位置和方向知觉
  - 对外界物体运动的知觉是指依靠视觉为主的一些外部感受器来进行的知觉
    - 根据动作的形态、幅度以及时空等特征进行区分，自身运动的知觉可以分为四类：运动形态知觉、运动幅度知觉、自身运动的时间知觉和身体空间位置和方向知觉

- 专门化知觉：运动员在长期训练比赛的过程中形成的一种综合性知觉，专门化知觉能对运动员自身运动和环境因素做出精确的分析和判断

图 2-9　知觉系统

短时运动记忆

- 在对一个动作的练习停止后，其遗忘的速率会随着时间的变化而变化，遗忘的进程先快后慢，但其记忆的内容并不会全部忘记

长时运动记忆

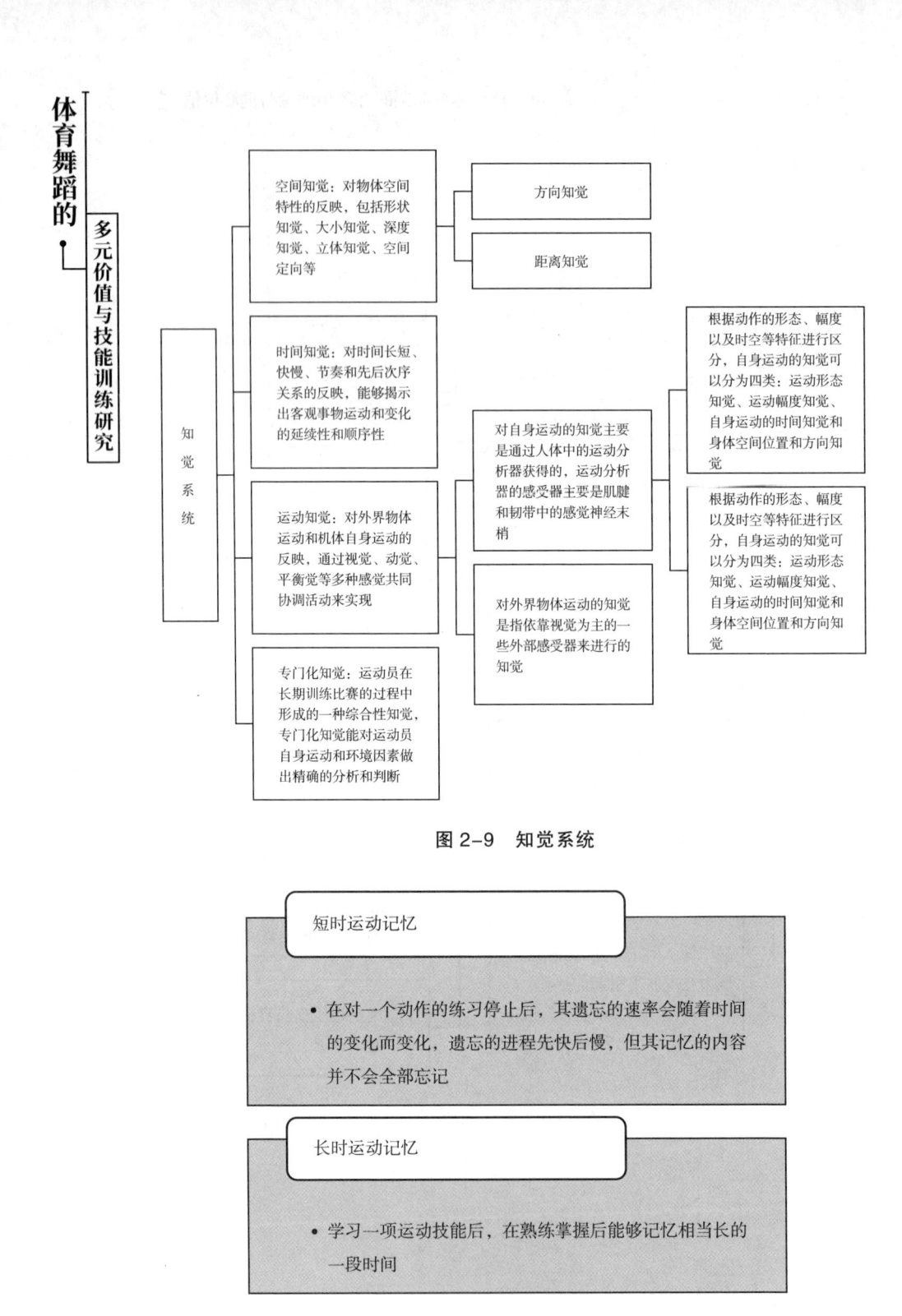

- 学习一项运动技能后，在熟练掌握后能够记忆相当长的一段时间

图 2-10　短时运动记忆与长时运动记忆

2. 运动表象

运动表象分为内部表象与外部表象,具体如图 2-11 所示。

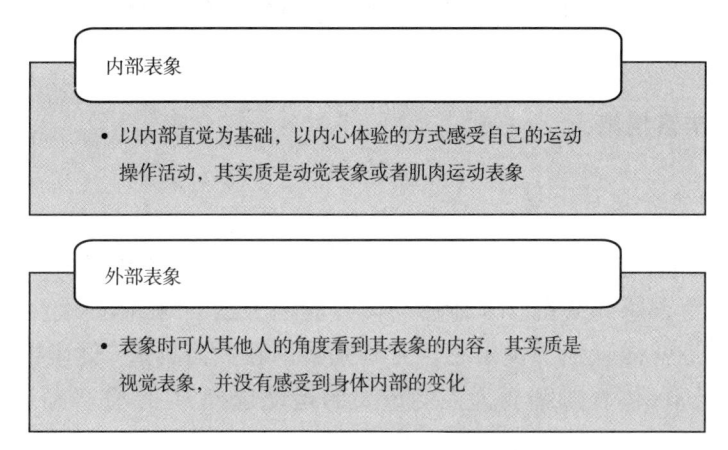

内部表象
- 以内部直觉为基础,以内心体验的方式感受自己的运动操作活动,其实质是动觉表象或者肌肉运动表象

外部表象
- 表象时可从其他人的角度看到其表象的内容,其实质是视觉表象,并没有感受到身体内部的变化

图 2-11　内部表象与外部表象

3. 运动记忆中的信息加工

运动记忆中有信息加工过程,这是因为人体在短时间内很难依靠记忆准确地记住太多内容,这时就需要对接收到的刺激进行组织,变零散的信息为一个系统的整体,这一过程就是信息加工。

(三)思维过程

以抽象性为分类依据,思维可以分为直观行动思维、具体形象思维和操作思维三种,其中直观行动思维是人最初的思维形式。在个体的发展中,直观行动思维如图 2-12 所示,向两个方向转化。

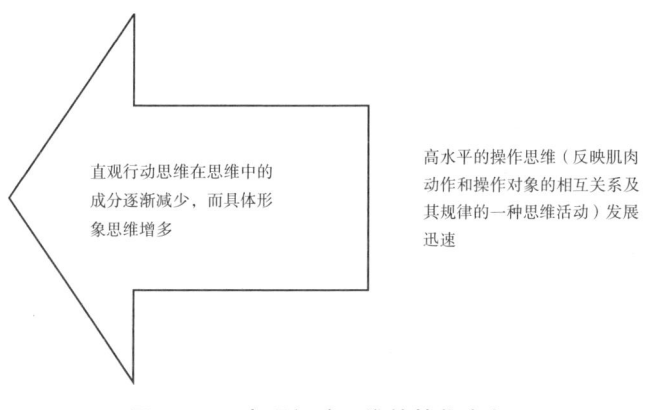

直观行动思维在思维中的成分逐渐减少,而具体形象思维增多

高水平的操作思维(反映肌肉动作和操作对象的相互关系及其规律的一种思维活动)发展迅速

图 2-12　直观行动思维的转化方向

第二节 体育舞蹈健心价值的彰显

一、丰富情感

(一)体会运动乐趣

人在进行运动时会感到快乐,这与人体内一种叫作内啡肽的物质有关,它会令人感到兴奋。人体参与体育舞蹈等运动时,体内就会分泌内啡肽,于是就体验到了快乐感。尤其是我国在大力推进"健康中国"建设的背景下,体育舞蹈成为人们重要的运动选择,在体育舞蹈运动中,运动者释放了压力和能力,收获了放松和愉悦。

(二)体验成就感

体育舞蹈具有较强的参与性,人们可以很容易地就掌握相关的技术动作。但是要想做到专业和优秀,则需要坚持不懈地锻炼。体育舞蹈的舞种多样,技术体系复杂,舞者要达到熟练掌握的程度需要付出艰辛的努力。而在付出努力,掌握了体育舞蹈的相关技术,并能展示优美舞姿时,便会有一种成就感自内心油然而生。

在长期进行体育舞蹈运动后,舞者的身体会发生一定的变化,如身材变得更加匀称协调,精神状态大大改善,这也会给予舞者极大的成就感,并从这种成就感中得到激励,从而以积极的心态面对日常的生活和工作。

(三)体验认同感

体育舞蹈是一种舞蹈艺术,一般在集体环境中开展。在参与过程中,舞者不仅自己要掌握技术,还要与舞伴合作,相互之间要协同配合。正如社会中有分工一样,体育舞蹈舞伴之间也有分工,舞蹈要想跳得好,仅靠一个人的努力是无法实现的,需要双方的共同努力。而在共同努力后,收获成功与赞美时,舞伴之间的相互认同就会给予对方巨大的快乐和成功,这种快乐和成功感远远超过个人自身的感受。

第二章 体育舞蹈的心理学理论与健心价值

(四)增进情感交流

人在社会上生存就需要与人交流,不论是在生活中、学习中还是在工作中,交流无处不在。体育舞蹈需要与舞伴相互配合,这就是交流的一种。不仅限于舞伴,一同参与体育舞蹈运动的志同道合者或者比赛中的竞争对手,这些都是交流的对象,在于他们进行舞艺切磋或者交流经验时,人际交流的机会增多,彼此之间的情感就会不断加深,不仅提高了舞者人际交流的能力,还促进了舞者感情的交流。

(五)增强情感体验

在体育舞蹈中,舞者都是处于一种和谐的环境中,人人之间真诚相待,注重礼仪,情感之间的交流非常频繁,有助于彼此之间形成良好的感情,因此舞者能从中获得良好的情感体验。获得这种良好的情感体验,会使舞者产生对其的兴趣,从而更积极地参与体育舞蹈,并不断调节情感,认识到自己存在的价值。在体育舞蹈中,与他人的合作沟通处处存在,舞者之间可以相互切磋交流、保护帮助、沟通信息,通过互动,不仅获得进步,还收获真挚的友情。

二、塑造健康心态

(一)缓解压力

在现代社会,人们面临着来自各个方面的压力,这些压力长期困扰着人们,对人们的正常生活造成了负面影响,使人身心俱疲。参与体育舞蹈,可以将人们的注意力转移到运动本身上来,从而让生活工作中的烦恼抛之脑后,使长期积累的疲劳得到释放。参与体育舞蹈,可以听到美妙的音乐,做出有美感的动作,这也是对人们心灵上的洗礼,使人们欢欣鼓舞,身心放松。

(二)愉悦心情

在现代社会,体育舞蹈受到了很多人的喜爱和欢迎,在参与体育舞蹈的过程中,在优美音乐的熏陶下,在优美舞姿的感染下,舞者输出了不悦的情绪和意识,平复了心理,收获了快乐,从而能够在日常生活中展现出积极向上、精神饱满的状态。通过参与体育舞蹈,舞者忘记了疲劳和伤痛,将一切烦心事置之度外,缓解了压力和疲劳,愉悦了心情。

(三)排解不良情绪

参与体育舞蹈的过程,是排解不良情绪的过程。通过参与体育舞蹈,人们的情绪得到了调动和改善,消极的心理逐渐被积极的心理所取代。这种价值可以通过图2-13表现出来。

体育舞蹈内容丰富、舞种多样,但是各个舞种都很欢快,表达的是积极的生活情趣,参与体育舞蹈运动,人们可以受到体育舞蹈动作和运动魅力的感染,形成健康积极的心态

＋

体育舞蹈的音乐积极向上、活泼欢乐,充满激情,而音乐对人的心理具有重要的影响作用,积极的音乐可令人积极向上、摒弃烦恼

→ 排解不良情绪

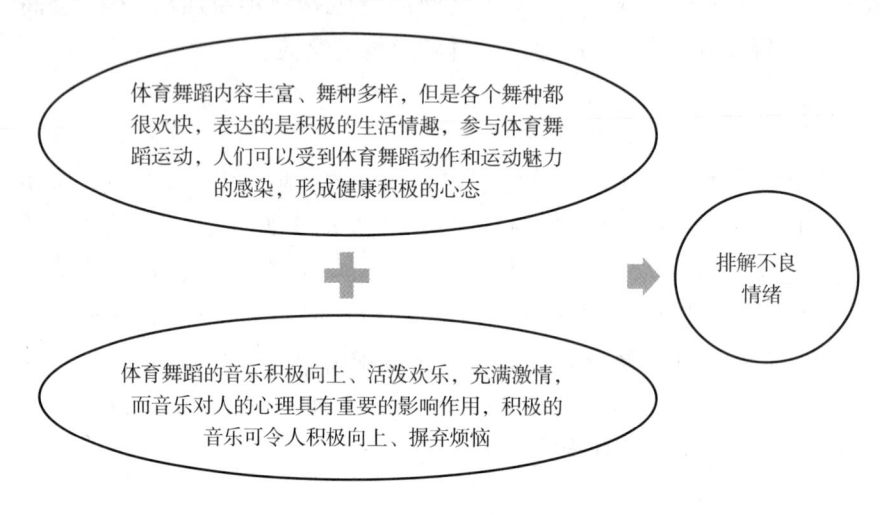

图2-13 排解不良情绪

(四)预防心理疾病

随着社会的发展,生活节奏加快,竞争也越来越激烈,面对着诸多的压力,心理问题成为困扰现代人的一大问题,甚至严重影响着人的身体健康。参与体育舞蹈,可以起到预防心理疾病的作用。

(五)增强神经系统功能

经常参加体育舞蹈能有效地调节人的神经系统,使神经系统机能更加准确和灵活,兴奋与抑制的转换更加合理与协调,对外界刺激的反应更加迅速。这些为人体智力的发展奠定了基础。参加体育舞蹈还可以对人体其他各系统产生良性的影响,这些都能提高大脑的记忆力和想象力,从而提高脑力劳动效率。

第二章 体育舞蹈的心理学理论与健心价值

体育舞蹈各种动作的完成需要集中注意力、靠良好的意志力去学习、认知、坚持完成，这对舞者的心理是一种良好的锻炼，可增强舞者的心理承受能力

＋

体育舞蹈的音乐能对舞者的心理产生影响，体育舞蹈活泼、积极向上的音乐，可促进舞者健康心理的形成 → 预防心理疾病

＋

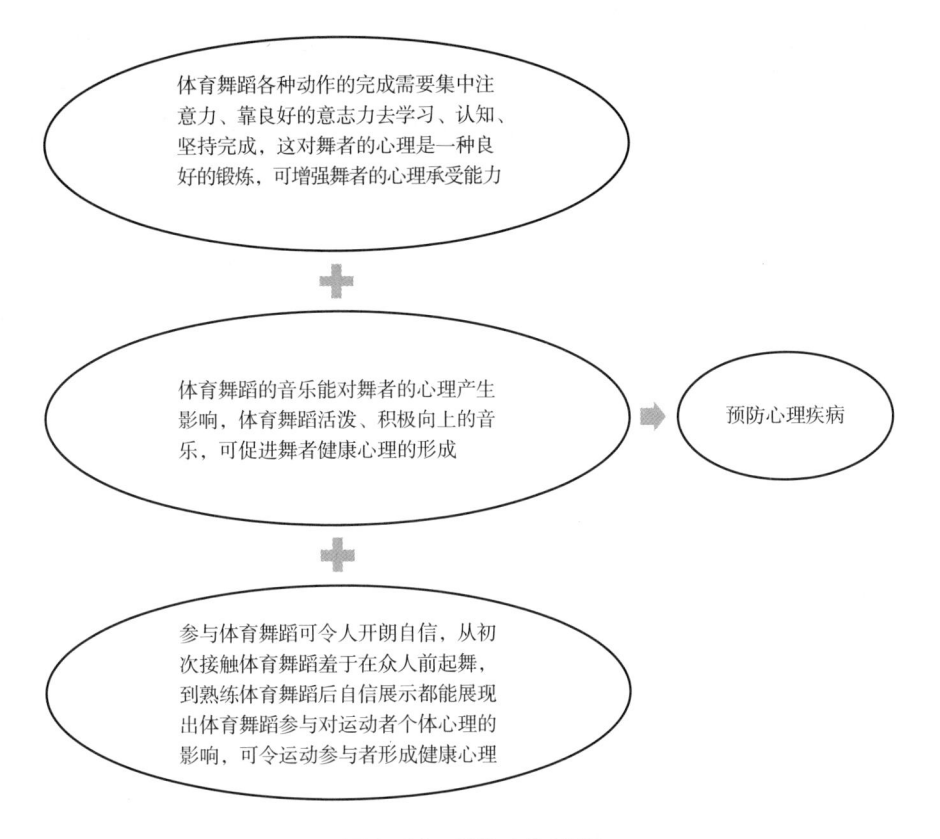

参与体育舞蹈可令人开朗自信，从初次接触体育舞蹈羞于在众人前起舞，到熟练体育舞蹈后自信展示都能展现出体育舞蹈参与对运动者个体心理的影响，可令运动参与者形成健康心理

图 2-14 预防心理疾病

（六）消除疲劳，提高效率

人们在当今快节奏的生活与工作中，出现疲劳是很正常的，也是很频繁的。并且伴随疲劳而来的是一些消极或者负面的情绪。参加体育舞蹈，可以使人从烦恼的境遇中暂时摆脱出来，使人体的神经得到积极的休息，并收获身心的放松。这样不仅消除了舞者的疲劳，也有助于舞者以更积极的态度去面对接下来的工作，能够有效提高学习和工作效率。

三、增强心理素质

（一）提高注意力

注意力是指人的生理活动对一定对象的指向和集中。体育舞蹈对

舞者注意力的提高有着重要的作用。注意力都是人在实践活动中产生与发展起来的,体育舞蹈作为一项需要人体做出各种舞蹈动作的运动,具有较高的实践性。由于所做的动作各种各样,舞者只有集中注意力才能正确规范地掌握相关技术动作,并在表演与比赛时完美地呈现出来,这无疑是对集中注意力的一种锻炼。同时,体育舞蹈中有伸屈、拉推、环绕、展收等诸多方法,动作节奏富于变化,并且涉及各种动作的转换与衔接,这对舞者注意力的转换更是一种考验。因此,体育舞蹈能够有效提高人体的注意力。

(二)提高情商

参与体育舞蹈过程中,舞蹈对运动参与者的运动能力、意识、交往等各方面的能力的发展具有重要的促进作用,要想表现出良好的运动状态和竞技水平,运动者必须学会如何更好地应对运动及生活中遇到的各种困难,通过参与体育舞蹈能够很好地培养运动者积极、正确处理各种问题的能力。

总之,体育舞蹈的丰富的动作情感、音乐情感,以及与舞伴的和谐相处,这些情感体验和交往经验都有助于提高运动者的情商。

(三)坚定毅力

体育舞蹈入门简单,但是要真正掌握各个舞种的技术动作难度相对较大,初期尝试体育舞蹈的人往往会有经常踩舞伴的脚的经历,这对舞蹈初学者和舞伴都是一个不小的运动困难。

要轻松完成各种舞蹈技术动作转换,并与舞伴完美配合,对参与者的身体耐力、协调和灵活等素质要求也较高,不下功夫,就很难学好体育舞蹈的。而长时间的枯燥练习,可导致运动者对体育舞蹈学练丧失信心。

体育舞蹈技术动作多而复杂,相对于一般的运动来说,掌握起来是有一定难度的。而且不论是在练习过程中还是在比赛现场,舞者都会遇到一定的困难,如果没有坚强的意志品质,是很难掌握体育舞蹈的技术的,也是难以长期坚持的。在体育舞蹈的练习与比赛中,舞者承受着环境对人体的刺激,甚至是肌肉的疲劳和身体的伤病,这都是对舞者意志品质的培养。通过长期参与体育舞蹈,舞者的意志品质在一定程度上得到了增强。

体育舞蹈技术技能学练过程中,运动者应有充分的耐心,不急躁,体会动作技术的细节,掌握其基本规律。而在掌握了基本技术后,要想向更高级别的技战术发起挑战的话,更不是一蹴而就的。人们将体育舞蹈学习的过程分为三个阶段,即为兴奋阶段、痛苦阶段和幸福阶段。要想经过三个阶段,最终成为一个高手,必须持之以恒、循序渐进,付出更多的耐心和不懈的努力。

(四)完善性格

在体育舞蹈中,参与者可以体验到多种情感和多种角色,这有利于参与者形成良好的心态,完善自己的性格。

首先,初学者刚开始参与体育舞蹈,在看到一些优秀舞者的表现时,会被其娴熟的技术所征服,也希望自己能像看到的舞者一样,能够表现优秀,也会因此而急躁。但是,任何成绩的取得都不是轻轻松松实现的,优秀舞者优美舞姿的展现是长久训练得出的结果。初学者应该从自身实际出发,用优秀舞者来激励自己,克服练习中的困难。

其次,参与体育舞蹈运动的舞者,只要能吃苦,肯坚持,总能收获成功,即便这个过程艰难,但在练习中,也能忘却烦恼,充分享受到快乐,还能促进与人的交流。这些都有利于舞者端正态度,形成良好的心态。

(五)丰富想象力和创造力

体育舞蹈舞种多样,每一舞种各自的动作是有着规定套路的,但它毕竟是一种表演艺术,其表演的效果取决于每位舞者的临场发挥。由于舞者在文化、背景、水平等方面存在不同,自然有着不同的心理体验,在体育舞蹈中,面对同样的舞种,舞者要发挥自己的想象力和创造力,结合自身的特点和客观条件,选择能获得最佳效果的表现方式。可见,体育舞蹈是一种创造性的活动,能够丰富舞者的想象力和创造力。

(六)增强自信和向上精神

在体育舞蹈中,舞者伴随音乐,按照一定的节律跳动,获得了愉快积极的情感体验,并且在熟练掌握技术动作的过程中,激发了自信和向上的精神。作为一种讲求气质的运动,体育舞蹈自然而然地就培养了舞者挺拔的姿态,给人一种内在的自信,再加上运动中同伴的鼓励和支持,使舞者的精神得到了升华,从而有更积极的态度面对生活和工作。

第三章　体育舞蹈的美学理论与审美价值

体育舞蹈集合了体育与舞蹈的特征,具有一定的艺术美,因此在体育舞蹈中也渗透着美学理论,只有具有一定的美学知识,才能更好地理解体育舞蹈的美,也才能把握体育舞蹈的审美价值。

第一节　体育舞蹈的美学理论

一、体育舞蹈的审美构成因素

体育舞蹈是一种追求美的艺术,舞者通过舞蹈动作的组合,展示自己优美的形体以及动作的美感,给观众美的感受。在体育舞蹈的活动中,体现了人们对美的追求。具体来说,体育舞蹈的审美构成因素主要包括以下几个方面。

（一）线条与形体美

1. 线条

线条和形体是构成人体美的基础。体育舞蹈的舞者都有着优美的线条,而且体现出一定的性别差异。男性的线条与形体有着雄壮之美,女性的线条和身体有着阴柔之美,但是这种美并不是单一的。体育舞蹈讲究刚柔相济,不仅是指男性与女性的配合,也指男性中体现着柔和的曲线美,女性中也体现着矫健有力。

2. 形体美

对于体育舞蹈来说,舞者的形体美包括静态美和动态美。

静态美是舞者自身形体的美,一般是由舞者的先天条件决定的。静态美主要体现在身体比例协调匀称、肌肉发达强健、肤色红润有光泽方面。

动态美是舞者在体育舞蹈中做舞蹈动作呈现出来的美。体育舞蹈的舞蹈动作众多,不同舞种都有自己的规范动作,这些动作一般都是创编者根据美的规律创编出来的,舞者按照动作标准进行展现,自然就体现出了动态美。

(二)色彩美

在美的世界中,色彩是必不可少的一个因素。它不仅是人类认识世界的重要依据,还能传达引起人的情感反应的信息。正是因为不同的颜色的视觉效果有所区别,且所代表的情感和象征不一样,所以在体育舞蹈的创编和活动中,要适当地运用色彩。如红色容易使人兴奋,在创编体育舞蹈时,可以用红色地毯,以便使运动员保持兴奋的状态,发挥最佳的水平,表现出体育舞蹈的美。

(三)音乐美

音乐是体育舞蹈中的重要元素,对体育舞蹈情感的表达和表现力的提升有着重要的作用。音乐本身就是一种艺术,有着节奏、韵律美。不同风格的音乐表现出不同的节奏和韵律,表达着不同的情感,这同体育舞蹈的特点相类似,不同的舞种有不同的风格,不同的动作表达不同的情感。体育舞蹈伴奏音乐的选择,就是在考虑这种契合性的基础上进行的。在体育舞蹈中,舞者做出各种各样的舞蹈动作,表达舞蹈的内涵与感情,而所选取的音乐是与其密切配合的,通过音乐的伴奏,烘托了体育舞蹈营造的气氛,提升了体育舞蹈的艺术表现力。同时,体育舞蹈按照音乐的节奏和旋律进行,具备了一定的韵律美。体育舞蹈能给人无与伦比的艺术感染力,有很大一部分功劳要归功于音乐,因为音乐是听觉艺术,给人的刺激比较强烈,也最容易引起人们的注意。因此,体育舞蹈的发展中离不开对音乐的运用,体育舞蹈的美离不开音乐美。

（四）路线变化美

体育舞蹈比赛有着一定的规则要求，对舞者的行进方向和路线有着一定的规定，这就要求体育舞蹈舞者合理利用场地，并娴熟掌握动作要求。具有高超水平的舞者，在场地上做前、后、侧、对角、弧线五种方向的移动，并伴随着路线的变化，给人一种特别的美感。体育舞蹈这种路线变化美是体育舞蹈区别于其他运动项目的美学特征，也提升了体育舞蹈的艺术欣赏价值和审美价值。

二、体育舞蹈审美的构成法则

在体育舞蹈中，要构成整体的形式美，还有赖于按一定的法则进行组合。体育舞蹈审美的构成法则主要包括以下几个方面。

（一）整齐一律

整齐一律是指同一形式的一致重复，是最简单的形式美。体育舞蹈中的许多舞种的动作都要求整齐一致，就是这种整齐一律的体现，它在体育舞蹈中是最基础的，也是应用最广泛的。但是要注意整齐一律的适度，否则就会显得呆板。

（二）对比调和

在体育舞蹈中，对比调和的运用非常常见。就拿参与体育舞蹈的舞者来说，国标舞一般男女配合进行，男性雄壮、女性柔美，这是男女形体美的对比；男性动作有力、女性动作灵活协调，这是男女舞蹈动作的对比；男性穿着有风度、女性穿着有魅力，这是男女服饰方面的对比。正是这种对比凸显了男女性各自的显著特点，同时也相互配合，显示出和谐之美。再从体育舞蹈的音乐来说，不同音乐的风格不一，有节奏的快慢、声音的强弱，体育舞蹈伴奏音乐的选择尽管需要风格相符，但并不意味着要完全一致，而应该是张弛有度、强弱恰当，这样才能给人审美享受。

（三）多样统一

多样统一也就是和谐。"多样"体现个体差别，"统一"体现出共性和联系。多样统一给人丰富中有单纯、活泼中有稳重的感觉。体育舞蹈中动作的编排就是以多样统一为依据进行的。体育舞蹈中涉及多种元素,这就体现了多样性,而多种元素的使用是为了体现统一的情感和主题,这又体现了和谐。正是多样统一,才是体育舞蹈具有了独特的艺术魅力和表现力,正是多样统一,使体育舞蹈成为一种人人喜爱的舞蹈艺术。

(四)均衡对称

体育舞蹈也对均衡对称非常注重。在体育舞蹈中,男女舞伴相互配合,共同完成一个舞曲。男女的舞蹈动作中就体现了均衡对称,在运动的过程中,男女之间要保持重心的相对稳定和位置的相对平衡,而在具体的舞步中,男女进退有致,相互协调,对称中有灵活。男女通过精妙的配合,体现了体育舞蹈的均衡对称之美。

(五)节奏韵律

节奏是体育舞蹈运动过程中力度变化的时序连续。韵律是以节奏为基础的,在节奏基础上赋予一定情调便形成。音乐是体育舞蹈不可缺少的一部分,正是在音乐的伴奏下,体育舞蹈才能顺利地进行。因此,音乐所具有的节奏和韵律就自然地对体育舞蹈产生了影响。体育舞蹈的类型、方向、路线、幅度、力度、速度等都必须与音乐的节奏与韵律统一起来,才能产生和谐统一的效果,才能给观众美的艺术享受。因此,对于体育舞蹈舞者来说,只具备娴熟的体育舞蹈动作技术是远远不够的,还需要具备一定的音乐素养,掌握音乐的节奏和韵律,这样才能正确处理体育舞蹈与音乐的关系,才能表现出体育舞蹈的美。

不同的国家有着不同文化背景和思维模式,因此在审美上形成了不同的文化。随着文化的交流和融合,我国文化不断融入体育舞蹈中,形成了具有我国文化特点的体育舞蹈审美文化。

三、体育舞蹈的审美内容

体育舞蹈的审美内容就是指体育舞蹈审美的内在要素总和。身体美、运动美和精神美是体育舞蹈审美内容的构成,它们之间相互影响,共同体现了体育舞蹈的美。体育舞蹈是一种特殊的艺术形式,其审美内容体现了舞者的情感,可以说,舞者跳舞的过程就是创造美的过程。

体育舞蹈的审美内容如图 3-1 所示。

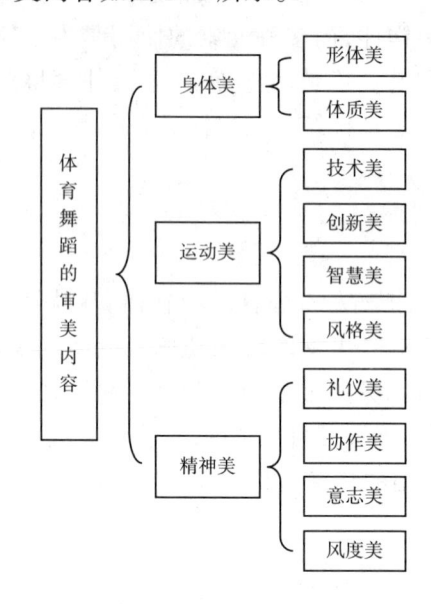

```
                    ┌─ 身体美 ─┬─ 形体美
                    │         └─ 体质美
                    │
                    │         ┌─ 技术美
体育舞蹈的审美内容 ──┼─ 运动美 ─┼─ 创新美
                    │         ├─ 智慧美
                    │         └─ 风格美
                    │
                    │         ┌─ 礼仪美
                    └─ 精神美 ─┼─ 协作美
                              ├─ 意志美
                              └─ 风度美
```

图 3-1 体育舞蹈的审美内容

（一）身体美

体育舞蹈的身体美主要包括形体美和体质美两种。[①]

1. 形体美

体育舞蹈属于舞蹈的一种，是一种重要的形体艺术。舞者在跳舞过程中展现自己优美的线条和身体曲线，给人以美的享受。也正是因为如此，体育舞蹈对舞者有着形体方面的高要求，舞者需要具备良好的形体条件，而且需要把这种美在舞蹈中表现出来。

体育舞蹈身体美中的形体美主要体现在如下几点。

（1）体型美

体育舞蹈舞者必须具备匀称、协调的完美体型，这是体育舞蹈对舞者的最基本要求。只有具备这样的体型，才能在舞蹈过程中做出各种舞蹈动作，给人以连贯流畅的感觉和美的享受。

---

① 左志云.探析体育舞蹈审美特征[J].当代体育科技，2019，9（28）：211+215.

第三章 体育舞蹈的美学理论与审美价值

（2）线条美

形体美的另一项重要内容就是线条美。对体育舞蹈舞者来说,美的线条非常重要,凭借优美的线条,可以打动观众和裁判,赢得他们的认可。一般来说,体育舞蹈者的线条美有性别差异,对男性来说,曲线要雄壮,呈现力量美,对女性来说,身体曲线要柔润,呈现阴柔之美。

（3）姿态美

在欣赏体育舞蹈的过程中,观众会为舞者的良好优美姿态感到赞叹不已,这是体育舞蹈姿态美的重要体现。体育舞蹈的舞者一般都要具备优美的姿态,即身体脊柱垂直、重心平稳、躯干挺拔等。这种要求视不同的舞种具体要求不同,如摩登舞就要求舞者收腹提臀、挺胸立腰,呈现出高贵的身体姿态。

（4）容颜美

容颜美也是形体美的重要内容,主要是指体育舞蹈者的音容笑貌。体育舞蹈中舞者的容颜美主要表现在容貌和毛发两个方面,其中容颜美主要是面容和眼睛美等,毛发美则主要指发型美。

2. 体质美

身体美还包括体质美,也就是身体素质美。体育舞蹈是一种舞蹈艺术,也是一项体育运动,由于运动持续时间长且其中还有一些高难度动作,这就要求舞者必须具备良好的身体素质,才能保质保量地完成规定的动作,也正是因为这样,在舞蹈过程中会体现出体质美。

一个人的身体素质包括力量、速度、耐力、柔韧、灵敏等能力。因此,体育舞蹈者的体质美也主要体现在他们在舞蹈过程中表现出的这几种能力,通过这几种能力的表现,能给观众直观的感受,从而让观众受到感染。

（二）运动美

体育运动都有着鲜明的运动美,作为体育运动的一种,体育舞蹈同样如此。体育舞蹈的运动美主要包括以下方面。

1. 技术美

体育舞蹈是一种比较注重技术的运动项目,而且技术体系庞杂,因此对舞者的技术能力有着较高的要求。舞者只有通过训练,不断提高自己的舞蹈技术水平,并在跳舞过程中充分地显示出来,才能体现自己和舞蹈动作的美。体育舞蹈是一种舞蹈艺术,具有很强的艺术观赏性,其技术动作都带有美感,舞者将这种美感呈现给观众,就是通过技术美来实现的。

2. 创新美

事物是不断发展的,这是客观规律。对于体育舞蹈来说,也要根据时代的要求和各民族文化的需要,不断进行创新。这种创新体现在多个方面,包括套路动作、音乐创编以及比赛规则的创新,等等。因此,体育舞蹈也具备创新美的特点。

3. 智慧美

体育舞蹈的舞者都具有高超的智慧,这是成为一个舞者的基本前提,也是体育舞蹈的项目特征要求的。体育舞蹈的技术动作复杂,而且涉及与音乐的配合,没有一定的智慧是难以跳好这种舞蹈的。在跳舞过程中,舞者要完成高难度的动作,也要把握和欣赏音乐。出色的舞者能够智慧地处理这两个方面,体现出智慧美。

4. 风格美

体育舞蹈有十大舞种,每一舞种都有自己独特的风格,这些风格通过与音乐的搭配体现得更加明显。舞者按照一定的音乐节奏,通过不同的舞蹈动作,将舞种的风格表现出来,给观众不同的感受,体现了体育舞蹈的风格美。

(三)精神美

除了形体美和运动美之外,体育舞蹈还彰显着精神美。体育舞蹈的这种精神美主要体现在四个方面,分别为礼仪美、协作美、意志美和风度美。下面进行具体说明。

1. 礼仪美

体育舞蹈来源于交际舞,这就决定了其在礼仪方面有着较高的要求。体育舞蹈舞者既要具备完美的形体和高超的技术能力,也要具备良好的道德作风,如公正、诚实、礼貌等。此外,体育舞蹈对舞者的着装和行为有着严格的要求,如摩登舞中男士要身着黑色燕尾服,佩戴领结,女士手挽男伴进场,在跳舞前后都要向裁判员和全场观众行礼致意。这些方面都体现了体育舞蹈的礼仪美。

2. 协作美

体育舞蹈还体现了协作美。体育舞蹈一般是男女两人跳,还有集体舞,要完美地跳完一段舞蹈,需要舞者之间的团结、协作,这样才能体现舞蹈动作的和谐统一,才能给观众以美的享受。在舞蹈比赛中,还有着一定的规则限制,舞蹈动作各种各样、千变万化,在合乎规则的情况下,要配合音乐完美地呈现,还要相互衔接,只有通过协作才能实现,这样就呈现出强烈的协作美,能给观者带来和谐美观的感受。

3. 意志美

意志美也是体育舞蹈精神美的重要内容,这种美主要通过舞者体现出来。体育舞蹈技术复杂,难度高,要达到高超的水平,需要舞者付出长时间的艰辛努力,其中面临着各种困难和障碍。因此,如果没有坚强的意志,是难以跳好体育舞蹈的。观众在观赏的过程中,欣赏到舞者高难度动作带来的美感,也能想到舞者为取得进步在平时付出的艰辛努力,这种意志力会激励观众更好地面对生活和工作。

4. 风度美

在体育舞蹈中,舞者都力求呈现自己最好的一面,给观看者良好的印象,因此舞者都有着一定的风度,会对自己的言谈、举止、态度十分注重,不仅待人有礼,在其他舞者跳出优美的舞蹈时也会真心祝福。同时裁判为了比赛的公平公正,也需要不断提高自身能力水平,这些都是体育舞蹈风度美的重要体现。

四、体育舞蹈的审美特征

体育舞蹈既是一项体育运动,也是一种舞蹈艺术,集运动性与艺术性于一身,它内涵丰富,有着较高的美学价值,体现了强烈的审美特征,具体如下。

（一）审美的标准性特征

体育舞蹈有着悠久的历史，在长期的发展过程中，经过了不断的规范化，形成了现在的十大舞种。各种舞种风格不一，但都有自己规定的动作形式。体育舞蹈发展至今，受到了各国人们的喜爱，但人们不论是欣赏还是亲身参与，都会按照各舞种的具体风格和要求进行，以大致相同的标准对同一舞种进行评价，这体现了体育舞蹈审美的标准性特征。

（二）审美的抒情性特征

体育舞蹈有着极大的魅力，并以这种魅力深深吸引着观众。舞蹈是有灵魂、内涵和情感的，这种灵魂、内涵和情感，通过音乐的伴奏、舞者的动作、舞者的形体和表情得以体现。观众观看舞蹈，不仅是欣赏舞者优美的形体和动作，还能体验和感受到舞者想要表达的情感，并与之共鸣，获得强烈的情感体验。所以说，体育舞蹈的审美有着抒情性特征。

（三）审美形式的多样性特征

体育舞蹈的审美形式具有多样性，这是由体育舞蹈舞种多样性决定的。体育舞蹈有两个项群十大舞种，每个舞种风格各异，给人的体验和感受也不一。此外，体育舞蹈虽然技术复杂，但没有人数、年龄、性别的限制，不同人群可以根据自身情况选择合适的形式。不论是选择哪种形式的舞蹈，舞者都可以获得美的享受。随着社会的发展，体育舞蹈的内容和形式也会不断丰富，其审美形式的多样性特征不会改变。

（四）审美过程的感染性特征

感染性很强是体育舞蹈的一大特征，主要通过内容和表现形式体现出来。无论作为体育舞蹈的欣赏者，还是作为体育舞蹈的舞者，只要接触到体育舞蹈，都会被其艺术美和形体美所吸引，获得美的感受。作为观众，舞者在比赛或表演过程中所散发的各种魅力会感染着他，给其带来深刻的心理体验；作为参与者，通过参加这一运动，在增强体质的同时还陶冶了情操，获得精神的愉悦。这些就是体育舞蹈极强感染力的体现。

第二节 体育舞蹈审美价值的彰显

一、体形健美

体育舞蹈的舞种众多，舞蹈动作多样，这些舞蹈动作对参与者所造健美的形体大有好处。体育舞蹈对人体健美体形的价值主要体现在以下的几个方面。

（一）降低体脂率

体脂率是人体的脂肪含量占人体总体重的百分比，这一数值能够反映人体的脂肪含量。一般情况下，越胖的人，体脂率越高，而越瘦的人体脂率越低，但是体脂率高低并不能与健康画等号，只有符合标准的体脂率才是健康的表现。

体育舞蹈是一种有氧运动，能够使参与者体能的脂肪得到消耗，长期参与运动，这种效果就越明显，这也就决定了体育舞蹈能够瘦身塑形。体育舞蹈降低体脂率的效果如图 3-2 所示。

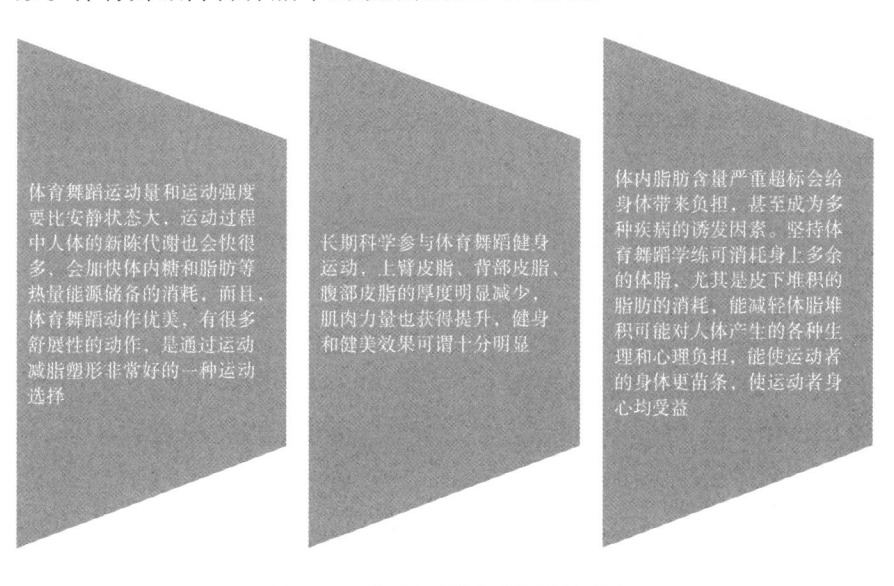

体育舞蹈运动量和运动强度要比安静状态大，运动过程中人体的新陈代谢也会快很多，会加快体内糖和脂肪等热量能源储备的消耗，而且，体育舞蹈动作优美，有很多舒展性的动作，是通过运动减脂塑形非常好的一种运动选择

长期科学参与体育舞蹈健身运动，上臂皮脂、背部皮脂、腹部皮脂的厚度明显减少，肌肉力量也获得提升，健身和健美效果可谓十分明显

体内脂肪含量严重超标会给身体带来负担，甚至成为多种疾病的诱发因素。坚持体育舞蹈学练可消耗身上多余的体脂，尤其是皮下堆积的脂肪的消耗，能减轻体脂堆积可能对人体产生的各种生理和心理负担，能使运动者的身体更苗条，使运动者身心均受益

图 3-2　体育舞蹈可以降低体脂率

（二）改变肌肉结构

在生活中，我们可以发现，跳舞的人一般都具有健美的体态，对于参与体育舞蹈的人来说，也是如此，他们大多拥有完美的曲线和身材。长期参与体育舞蹈运动，可以使肌肉纤维变粗，改善体内供血，增强骨骼的力度与韧性、关节的灵活与稳定。由此可以看出，参与体育舞蹈运动，可以改变人体的肌肉结构，对于处于发育期的青少年来说，这种效果更加明显，因此青少年参与体育舞蹈是塑造形体的有效方法。

（三）使身体更挺拔

经常参加体育舞蹈，可以增加骨骼长度，也就是说，可以使人长得更高。参与体育舞蹈运动，会影响人体内各种激素的分泌，其中就包括生长激素，参与体育舞蹈，生长激素分泌更多，也就是骨骼组织得到发育，从而使人体变得更修长、更挺拔。

（四）纠正不良体态

参与体育舞蹈运动，可以使人体的不良体态得到纠正。具体情况见图3-3。

对肥胖形体的改善

体育舞蹈有重要的减脂作用，如果身体肥胖的人能长期科学地参与体育舞蹈学练，可令身体的体形和体态发生改变，主要是向着体脂减少、身形变瘦的方向发展

对不良姿态的改善

体育舞蹈中的一些基础动作和形体训练内容具有纠正运动参与者不良体体态的重要作用，体育舞蹈的基础性把杆训练、形体训练都能对天生的体形缺陷具有一定的弥补作用，可以矫正畸形的身体形态，使人的身体恢复良好

良好气质的培养

体育舞蹈的多种舞蹈风格都有助于舞者的良好个人气质的培养，经常性地参与体育舞蹈有利于保持健康体质水平，并散发青春活力

图3-3 体育舞蹈纠正不良体态

第三章 体育舞蹈的美学理论与审美价值

二、审美提高

(一)观赏美

体育舞蹈是体育与舞蹈的结合体,是一种艺术形式,包含了多种艺术元素,也体现着多样的美,如动作节奏美、造型美、韵律美、音乐美、服饰美、意境美,等等。在参与体育舞蹈的过程中,运动者可以切身体验到、感受到这种美,而且相当直观。对于观众来说,他们正是为了感受这样的美而来的,在观赏的过程中,舞者的体育舞蹈运动之美可以打动观众,并使观众产生共情,得到了艺术享受。不论是舞者还是观众,都能通过观看体育舞蹈而观赏到美,感受到美,对美的动作、美的音乐、美的情感的审美提高,在无形中提高了审美。

(二)道德美育

体育舞蹈参与可培养舞者的体育道德美、精神美,主要体现在三方面。具体如图 3-4 所示。

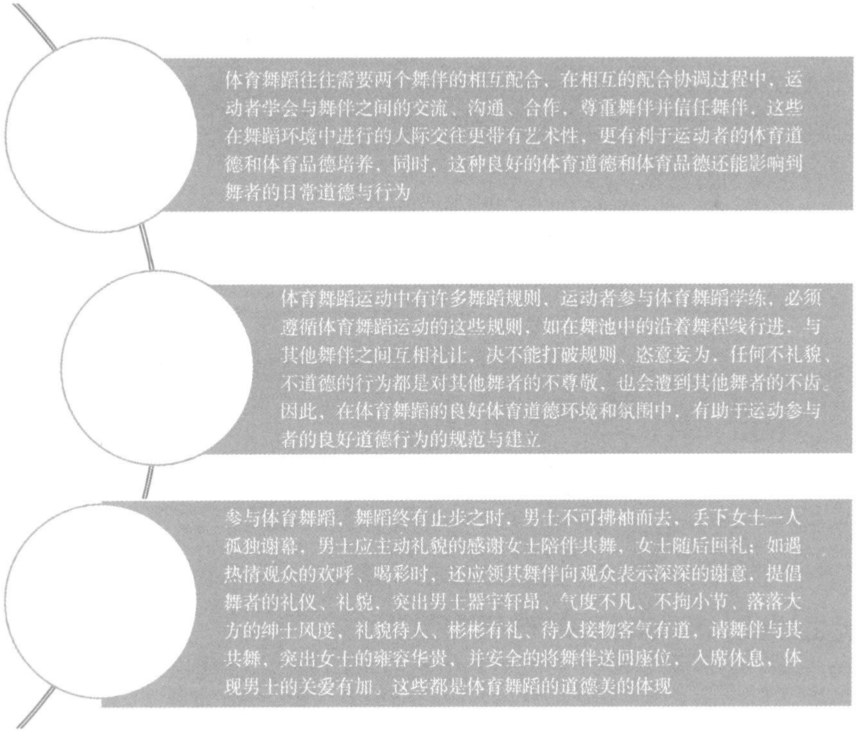

体育舞蹈往往需要两个舞伴的相互配合,在相互的配合协调过程中,运动者学会与舞伴之间的交流、沟通、合作、尊重舞伴并信任舞伴。这些在舞蹈环境中进行的人际交往更带有艺术性,更有利于运动者的体育道德和体育品德培养,同时,这种良好的体育道德和体育品德还能影响到舞者的日常道德与行为

体育舞蹈运动中有许多舞蹈规则,运动者参与体育舞蹈学练,必须遵循体育舞蹈运动的这些规则,如在舞池中的沿着舞程线行进,与其他舞伴之间互相礼让,决不能打破规则,恣意妄为,任何不礼貌、不道德的行为都是对其他舞者的不尊敬,也会遭到其他舞者的不齿。因此,在体育舞蹈的良好体育道德环境和氛围中,有助于运动参与者的良好道德行为的规范与建立

参与体育舞蹈,舞蹈终有止步之时,男士不可拂袖而去,丢下女士一人孤独谢幕,男士应主动礼貌的感谢女士陪伴共舞,女士随后回礼;如遇热情观众的欢呼、喝彩时,还应领其舞伴向观众表示深深的谢意,提倡舞者的礼仪、礼貌,突出男士器宇轩昂,气度不凡,不拘小节,落落大方的绅士风度,礼貌待人、彬彬有礼,待人接物客气有道,请舞伴与其共舞,突出女士的雍容华贵,并安全的将舞伴送回座位,入席休息,体现男士的关爱有加。这些都是体育舞蹈的道德美的体现

图 3-4 体育舞蹈的道德美育

(三)创造美的意识和能力的提高

我们平常看到的体育舞蹈,都是经过创编形成的成品,它们之所以散发着艺术性,体现着美感,就是因为在创编过程中进行了科学的设计和周密的思考。而对于初学者来说,大都接触的是已经定型的体育舞蹈。但是作为一个真正喜爱体育舞蹈的舞者来说,了解掌握基本的创编技能是很有必要的。通过自己的创编,选择合适的音乐,可以锻炼舞者创造美的能力,提高舞者创造美的意识。

第四章　体育舞蹈的社会学理论与社会适应价值

体育舞蹈是一项体育运动，有时参与的人数较多，因此在其中也涉及一些社会学方面的理论，同样的，体育舞蹈也具有较高的社会适应价值。经常参与其中，能够使运动者更好地适应社会，也会促进社会的不断进步。

第一节　体育舞蹈的社会学理论

一、社会适应的概念

适应是生物在生存竞争中适应环境条件而形成一定性状的现象，是在遭遇特殊生存压力下的适应变化的行为。社会适应主要指人在社会生活中的角色适应，包括职业角色、家庭角色以及婚姻、家庭、工作、学习、娱乐中的角色转换与人际关系等的适应。社会适应良好，不仅要以生理健康、心理健康和道德健康作为基础，而且要具有较强的社会交往能力、工作能力和广博的科学文化知识；不仅能适应复杂的社会环境变化，能胜任个人在社会生活中的各种角色，能与他人保持正常的人际关系，能为他人所理解，为社会所接受，行为符合社会规范，而且能创造性地取得成就贡献于社会，达到自我成就、自我实现。社会适应良好是健康的最高境界。

社会适应是一个长久的过程，贯穿着人的一生。在一生之中，个体总会不断遇到新的情况，也会采取一定的适应方式。基本的适应方式主要有图 4-1 中的三种。

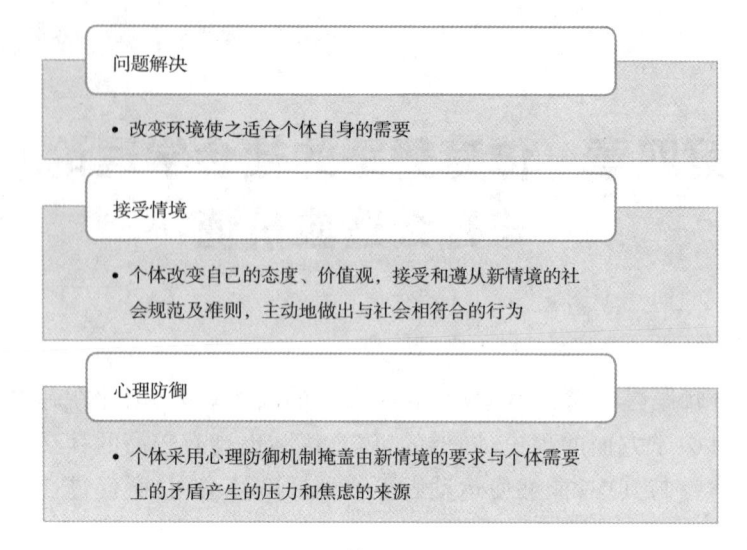

问题解决
- 改变环境使之适合个体自身的需要

接受情境
- 个体改变自己的态度、价值观，接受和遵从新情境的社会规范及准则，主动地做出与社会相符合的行为

心理防御
- 个体采用心理防御机制掩盖由新情境的要求与个体需要上的矛盾产生的压力和焦虑的来源

图 4-1　基本的适应方式

二、社会适应能力的指标和标准

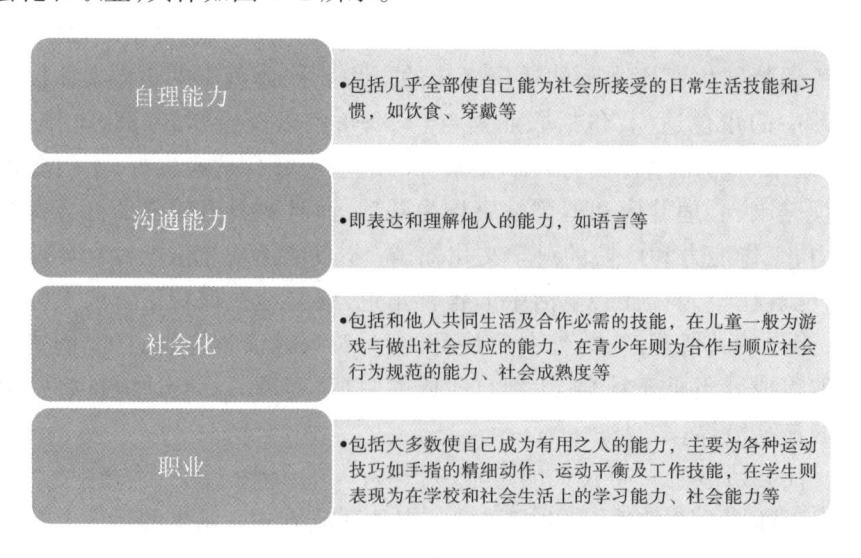

（一）社会适应能力的指标

社会适应能力的指标主要包括四个，分别为自理能力、沟通能力、社会化和职业，具体如图 4-2 所示。

自理能力
- 包括几乎全部使自己能为社会所接受的日常生活技能和习惯，如饮食、穿戴等

沟通能力
- 即表达和理解他人的能力，如语言等

社会化
- 包括和他人共同生活及合作必需的技能，在儿童一般为游戏与做出社会反应的能力，在青少年则为合作与顺应社会行为规范的能力、社会成熟度等

职业
- 包括大多数使自己成为有用之人的能力，主要为各种运动技巧如手指的精细动作、运动平衡及工作技能，在学生则表现为在学校和社会生活上的学习能力、社会能力等

图 4-2　社会适应能力的指标

（二）社会适应能力的标准

与心理健康的标准相比，社会适应能力的标准有相似之处，这是因为在对心理健康的认识中，有专家学者将社会适应能力作为重要内容，甚至认为心理健康的最本质特征就是社会适应良好。具体来说，社会适应能力的标准有八点，见图4-3。

社会适应良好：
- 生理的发育和心理的发展满足自理能力的需要
- 个体的社会化过程正常，具备适宜的人格基础
- 能够与他人保持良好的人际关系
- 能够与现实环境保持良好的接触，并适应环境
- 热爱生活、热爱集体，具有一定的社会责任感
- 有较好的处事能力，保持乐观积极的心理状
- 有一定的自信心和自主性，并能较好地控制行为
- 把握社会交往的最佳时机，保持一种良好心境

图4-3 社会适应能力的标准

三、社会适应能力的测量

测量人的社会适应能力，主要是了解人在自然环境下所表现出来的对社会的成熟度以及与学习能力有关的行为。具体的测量方法包括图4-4中的几种。

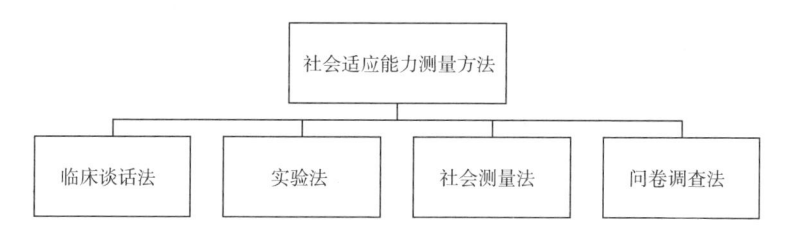

社会适应能力测量方法：
- 临床谈话法
- 实验法
- 社会测量法
- 问卷调查法

图4-4 社会适应能力测量的方法

对社会适应能力进行测量，常用到一些工具，主要是一些测量量表，图 4-5 是一些常见的几种测量量表。

《适应行为量表》
- 《适应行为量表》（ABS）具有很大的信息量，能够对多种不同适应功能进行全面地反映。整个结构可以分为对适应行为能力进行评估、对适应不良行为进行评估两大部分，包含主题21个，95个项目

《卡特尔16种人格因素量表》
- 卡特尔16种人格因素测验（16PF）是美国伊利诺伊州立大学人格及能力测验研究所卡特尔教授经过几十年的系统观察和科学实验，应用因素分析统计法慎重确定和编制而成的一种精确的测验

《中学生社会适应性量表》
- 《中学生社会适应性量表》，是以中学生为被试者，通过理论分析和实证调查相结合的办法，系统地揭示社会适应性的结构成分，编制的社会适应性量表

《幼儿社会适应状况量表》
- 首先，父母先单独回答各题目。其次，问卷中的内容读给孩子听，根据问题，让孩子做出自我评价。最后，将父母和孩子的得分进行累加，并算出平均值

《内、外向性格类型量表》
- 在这一量表中主要包含了50个测题，每一道题都是以"是""否"或"不定"来进行回答。根据被试者的回答结果，可求出外向性指数

《中国人社交关系量表》
- 《中国人社交关系量表》在2004年4月得到修订，一共120题，大约需要20分钟，结果报告一共13页。由北京师范大学心理学院心理测评研究所著名心理测量学家张厚粲教授的中国个性测评课题组领衔编制，从信任感、真诚性、利他性、顺从性、谦虚性和同情心六个方面进行细致的测评

图 4-5　社会适应能力测量量表

四、社会适应能力评价

对人的社会适应能力进行评价，主要有三种模式，分别为心理健康的模式、社会智力的模式以及压力应对的模式。

（一）心理健康的模式

这种模式的观点认为适应就是心理健康，他们在对社会适应性表现进行描述时，从人格特质的角度出发。

(二)社会智力的模式

社会智力的模式主要包括七大点,具体如图4-6所示。

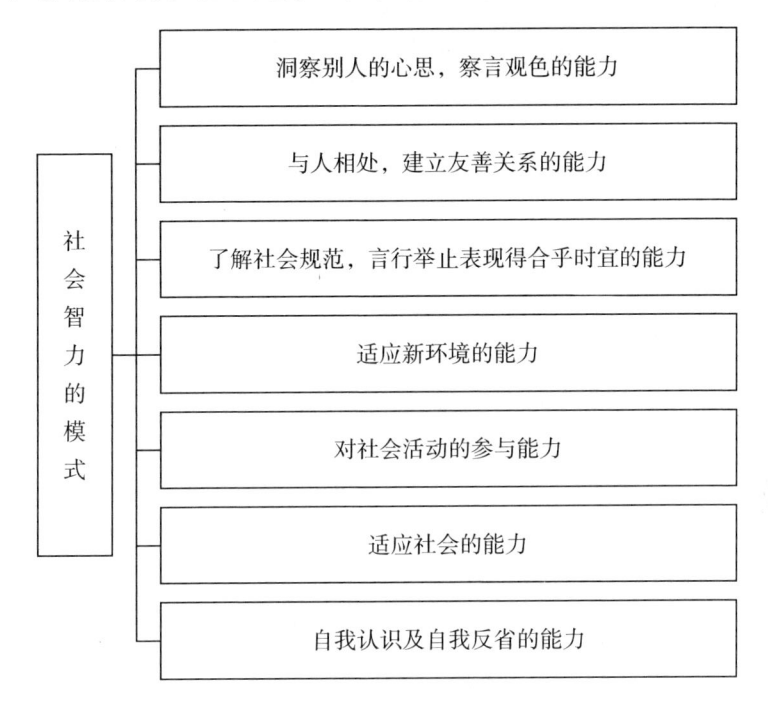

```
                ┌─── 洞察别人的心思,察言观色的能力
                │
                ├─── 与人相处,建立友善关系的能力
                │
社  会  智       ├─── 了解社会规范,言行举止表现得合乎时宜的能力
力  的  模       │
式              ├─── 适应新环境的能力
                │
                ├─── 对社会活动的参与能力
                │
                ├─── 适应社会的能力
                │
                └─── 自我认识及自我反省的能力
```

图4-6 社会智力的模式

(三)压力应对的模式

这种模式注重对个体主观能动性的考察,主要评价个体面对压力时的表现,评价个体为适应环境而进行的行动和努力。

第二节 体育舞蹈社会适应价值的彰显

一、促进社会融入

(一)增进社会交往

在社会中,人与人之间需要相互交往,在交往之中就形成了人际关系。人际关系是重要的社会关系,也是人在社会中生存的一大需要。对于人类来说,人际关系非常重要,甚至决定着一个人的成功。因此,要想在社会中取得成功,有一个良好的人际关系至关重要。

对于人类来说,要在人际交往过程中形成良好的人际关系,需要具备多方面的能力,主要涉及沟通能力、语言能力、自我意识和移情能力。通过参加体育运动,可以使人们这些能力得到改善和提高,进而促进人类人际关系的改善。体育舞蹈作为体运动的一种,对提高人际交往能力,改善人际关系方面又发挥着重要作用。这主要体现在以下方面。

1. 体育舞蹈能够提高人的沟通能力

沟通能力的好坏关系到人们情感的表达以及情感关系的建立,因此,要想具有良好的人际关系,具备良好的沟通能力是前提和基础。

与其他体育运动相比,体育舞蹈有自己的特点。在初学体育舞蹈的过程中,初学者要想正确掌握技术,必须在指导者的讲解和示范下,经过自己的不断练习才能实现。只有与指导者进行频繁及时地沟通,才能及时发现自己练习过程中出现的不规范,甚至是错误之处,才能不断修正自身技术动作,保证动作的规范性和准确性,也才能与舞伴有效配合。经过与指导者或者与舞伴之间的沟通交流,舞者的沟通能力不断提高,为良好人际关系的建立奠定了基础。

2. 体育舞蹈能够提升人理解和使用身体语言的能力

人在人际交往中离不开肢体语言的运用,肢体语言让人们之间的沟通更生动、形象,也更能准确地表达思想感情。体育舞蹈是在音乐伴奏下进行的身体运动,是运动与艺术的结合。在体育舞蹈运动中,舞者要做到外在与内在的统一,需要用身体语言表现出内心情感,通过不断的练习。舞者的身体语言不断丰富,能力将会不断提高,也会更加有气质。

3. 体育舞蹈能够改善自我意识和社交能力

自我意识,简言之就是个体对自我的评价。人们在社会中,会与他人打交道,会接收到别人对自己的反馈信息,这些反馈信息不一定是真实的,会造成自我认识的偏差,只有具有一定的自我意识,才能保持面对被人给予评价时的清醒,理性认识自我。通过自我意识对自我清醒的认识,可以约束自我的行为,保证人际关系的健康。

在体育舞蹈过程中,舞者会接触到指导者、舞伴、观众等。这些人都会给予自己相应的评价。由于各种主客观因素的影响,这些评价真假难辨,也通常具有滞后性。舞者必须时刻保持自我意识,对自己有着正确的评价,这样才能不断改进自己的技术动作,并根据实际情况采取应对措施。有了良好的自我意识,也有利于个体更好地融入集体之中,不断协调与他人、与集体的关系,在与他人交往的过程中,保持积极的心态,在理解他人的基础上,表达自己的情感,取悦他人,愉悦自我。在与不同个性、不同类型的人的交往过程中,提高了社交能力。

（二）丰富社会生活

在过去社会生产力水平低下的时代,人们把大部分时间和精力花在劳动中,以满足自己的物质需要,相对地,就没有很多的闲暇时间供休息娱乐。随着社会的发展和生活水平的提高,人们有了较多的闲暇时间可以从事自己喜欢或者需要的活动。随着人们健康意识的觉醒,体育运动成为一种时尚和潮流,在人们之间掀起热潮,成为人们追求健康、消遣娱乐的重要方式。作为体育运动的一种,体育舞蹈也是重要的选择之一。人们在闲暇时间参与体育舞蹈,可以得到放松休息,提高自身体质健康,也在与志同道合者及舞伴的交流过程中,收获了友谊,提高了人际交往的能力和社会适应能力,也在一定程度上丰富了生活。

（三）缓解生活疲劳

随着社会和经济的发展,人们的生产生活方式发生了很大的改变,脑力劳动逐渐取代了体力劳动,人们从以往的身体疲劳也转变为身心疲劳。体育舞蹈是一种对身心都有巨大价值的运动和艺术。通过参与体育舞蹈,人们平常生活中产生的精神疲劳可以得到缓解。由于有音乐的伴奏和优美形体的展现,人们可以在其中获得全方位的感受和体验。因此,参与体育舞蹈,人们可以全身心地投入其中,接受美的熏陶,忘却身心的疲惫,保持内心的安宁,从而能够更乐观积极地面对以后的工作和生活。

（四）适应生活节奏

在竞争激烈的社会,生活节奏不断加快。人们为了生存和生活,必须适应社会。体育舞蹈对人们适应生活节奏有着重要的作用。一是,体育舞蹈可以促进舞者身心的全面发展,能够提高他们平常生活中的活动能力。二是,参与体育舞蹈可以对舞者各身体系统产生良性影响,从而提高舞者快速应变能力和耐久能力,能够从容面对和解决生活工作中随时出现的困扰和难题。三是,体育舞蹈可以扩展人们的生活空间,能帮助人们从快节奏的生产生活中解放出来,使人们享受运动所带来的快乐,有利于人们在运动之后以更加积极、主动的状态投入生产生活中去。

另外,体育舞蹈还能够在一定程度上帮助人们克服快节奏的生活所带来的压力和焦躁,使得人们的生活得到更好的拓展。因此,为了更好地适应生活,人们可以利用闲暇的时间进行相应的体育舞蹈锻炼,更好地调整自己的生活。

(五)增强竞争意识

现代社会竞争激烈,在面对如此激烈的竞争环境时,为了求生存,求发展,必须培养自己的竞争意识,具备应有的竞争手段。在体育舞蹈的练习与比赛中,总是会遇到各种各样的挫折和失败,舞者只有正确对待这些困难,并勇敢地克服它们,才能化失败为成功,在长期对待困难的过程中,舞者锻炼了适应挫折和失败的能力,从而能理性客观对待社会生活中的困难,并能在困难之后再出发。体育舞蹈比赛中同样存在着竞争,但要获得比赛的胜利,必须在规则允许的范围内努力,因此,体育舞蹈舞者只有靠自己的实力才能在不断的比赛中脱颖而出,而实力的获得是平时认真对待坚持不懈的结果,由此同样面对社会上的竞争时,参与者也会通过不断的努力,提升自己的实力,靠自己的真实本领获得令人信服的胜利。

(六)促进协作意识和能力的形成

体育舞蹈能够促进舞者协作意识和协作能力的提高。这一价值具体如图4-7所示。

第四章 体育舞蹈的社会学理论与社会适应价值

促进协作意识和能力的形成

体育舞蹈对协作意识的影响

协作意识和协作能力是现代人所必不可少的意识和能力,在团队之中,为了达成相应的目标,需要个成员之间密切配合,最终才能够实现相应的目标。在经济社会快速发展的今天,个人能力终究是有限的,因此,协作能力是团队发展和壮大所必须具备的。在体育舞蹈比赛中,不管是单项比赛还是团队比赛,都需要舞者发挥其协作精神。男女舞伴之间的默契协作是在进行长期练习的基础上实现的,需要练习者之间进行不断的磨合,掌握对方的节奏、频率和习惯,并与对方相互适应,这样才能够培养和形成良好的协作精神

体育舞蹈对协作能力的提高

在现代社会中,各行业、各学科高度分化,人们只能具备特定的一种或是几种能力。而在完成相应的工作时,与他人之间的协作成为人们所必须具备的能力。人们之间的团结协作,将在未来社会发展中发挥更大的作用。体育舞蹈多为男女配对练习,需要男女舞伴之间形成良好的默契,这样才能够取得良好的成绩。对于集体舞而言,更是需要舞者之间形成良好的配合,这需要每一名集体成员都具有良好的协作意识。可以说协作意识是体育舞蹈的基本内容之一,是对舞者的基本要求,如果舞伴之间不能形成良好的配合,则相应的技艺不可能得到发挥

图 4-7 体育舞蹈促进协作意识和能力的形成

（七）实现个体的现代化

与以往不同,当代快速发展的社会对人类精神和意识的发展越来越依赖。体育舞蹈可以提高舞者的身体素质,也可以使其形成良好的社会意识,并促进个体不断地学习新知识,并不断创新、探索。可以说,参与体育舞蹈是对人的一种发展,是实现个体现代化的重要手段。

二、完善社会心理

体育舞蹈有着完善社会心理的作用,主要是通过个人健康心理的构建以及群体健康心理的形成实现的。具体如图 4-8 所示。

个人健康心理的构建

- 体育舞蹈具有良好的健身健心运动价值,对运动者的个人心理、社会心理均有健康促进作用。
- 体育舞蹈发展至今,其社交价值在促进不同运动者因相同的舞蹈爱好而走到一起,在轻松愉悦的舞蹈环境中,在学习舞蹈的共同的活动目的基础上彼此交往、交际,可以缓解个人压力,更好地与人相处、融入集体,而且体育舞蹈中丰富的舞种、丰富的动作、丰富的音乐等都能给舞者带来不一样的心理体验,对于舞者的群体心理是一种良好的锻炼。

群体健康社会心理的形成

- 体育舞蹈对人体的健康具有极大的促进作用,现代社会,身体、心理和社会适应能力的三维健康观成为人们的共识,参与体育舞蹈能促进人们身体、心理和社会适应能力的发展。构建社会主义和谐社会,离不开社会中每一个人的身体健康、心理健康和社会健康。
- 长期科学参与体育舞蹈,人们在运动过程中不仅恢复了体力与精力,令身心愉悦,同时也促进了社会交往,有利于人们更好地去从事各种社会生活,为人们的社会参与奠定良好的身心基础。

图 4-8　体育舞蹈可以完善社会心理

三、促进和谐社会构建

(一)提高劳动力质量

体育舞蹈内容丰富,运动形式多样,这就给了参与者一定的选择空间。参与者可以在自己的运动过程中,根据实际情况和自身条件,选择合适的舞种和适宜的运动负荷。通过不断地调整,运动者找到适合自我的运动节奏,才能使运动的效果达到最优化,这样运动者通过参与体育舞蹈获得的身心收益才能最大化,也就提高了自身免疫力和劳动力质量,有利于对社会的适应和社会的进步。

(二)形成良好价值观

价值观对一个个体、一个社会有着非常大的影响。体育舞蹈的一大价值就是能够促进良好价值观的形成。体育价值形成良好价值观的作用如图 4-9 所示。

> **体育舞蹈促进人的和平相处**
> - 体育舞蹈比赛虽然表现出一定的竞争，但是，这种竞争是建立在统一规则的公平竞争基础之上，在竞争中具有良好的氛围，舞者之间相互交流与切磋，能够在一定程度上培养人们的公平观念和和平行为，使舞者养成平的价值趋向。另外，人们在进行一些业余体育舞蹈时，气氛轻松活跃，在锻炼身体的同时，也增强了人与人之间的交流

> **体育舞蹈能够将自由和平等体现出来**
> - 体育舞蹈不分种族和性别，人人都可参加，体现了人与人之间的平等，参与其中的人们能够深深地感受到这项体育运动的自由性。这种平等参与、平等拥有的状态势必会影响人们的思想观念和行为方式。一些大众类体育舞蹈不分男女老幼均可参与其中，舞蹈动作也具有很多的创新性，这在一定程度上也体现了自由与平等观念

> **体育舞蹈能够将付出与收获的关系体现出来**
> - 在竞技体育舞蹈中，舞技超群的舞者无不经过长年累月、持之以恒的付出，才最终获得了相应的辉煌。大众体育舞蹈健身也体现了这一道理，只有经过不懈的坚持和努力才会能够实现健身、增强体质、塑形等目标。因此，体育舞蹈体现着付出与收获之间的关系

> **体育舞蹈促进人们对艺术和美的认可**
> - 体育舞蹈不仅是一项体育运动，也彰显了舞蹈艺术的美。在提高舞者欣赏美、创造美等方面，以及对于舞者自身美的修养等方面均有着重要的作用。对于体育舞蹈观众而言，通过观看体育舞蹈比赛也能够在一定程度上实现情操的陶冶，从而提高人们欣赏美和理解美的能力

图 4-9 体育舞蹈促进良好价值观的形成

（三）增强民主意识

民主象征着社会的文明与进步。体育舞蹈竞赛在比赛中和目标上体现了民主性，对人们养成民主意识，做出民主行为起着积极的促进作用。体育舞蹈竞赛一般采用公开示分的形式，选手比赛的出场顺序也是经由抽签决定，这样就最大程度地体现了民主性。对于体育舞蹈的裁判来说，他们要接受来自各方面的监督，如仲裁、观众和社会舆论等，这就使体育舞蹈比赛具有一定的透明性和公开性，保证了其目标的民主性。

（四）培养社会意识

体育舞蹈中蕴含着丰富的文化价值，它有助于培养人们的社会意识。体育舞蹈有着参与的自由和平等性，对参与者没有背景、种族、文化、年龄等的限制，每个人都有参与的自由，经常参与其中，这种自由平等的观念就会融入参与者的意识之中。体育舞蹈技术多而复杂，要娴熟

掌握各舞种技术需要长期艰苦的训练和不懈的努力坚持，只要坚持就会有回报，参与者通过长期练习获得成功，能够懂得付出与收获的关系，从而有助于在以后的人生道路上不断拼搏进取。体育舞蹈中也有着竞争，但这种竞争是公平的竞争，参与者之间只是技术上的比拼，平时都是和平相处，长期参与体育舞蹈，舞者会形成与人为善的价值取向。体育舞蹈还能培养舞者崇尚至少，保持开放的意识，只有不断学习，不断总结，舞者的体育舞蹈技能才能不断提高，同时，要想不断提高自己的水平，也需要与人交流，向其他舞者学习，因此在不断提高体育舞蹈技能的过程中，参与者崇尚知识与保持开放的意识也得到了培养。

（五）塑造社会角色和个性

1. 体育舞蹈对社会角色的影响

体育舞蹈能够改善人体的生理功能，发展人的心理，还能培养人的良好个性。

每个人在社会生活中都扮演着一定的社会角色，需要承担相应的责任和义务，同时也有着特定的行为规范。在体育舞蹈运动中，运动者也扮演着不同的角色，并且需要不断转换角色。在不同角色的转换中，舞者加深了对社会角色的认识和理解，能够更好地发挥价值。在体育舞蹈场所，人们按照相应的规则跳舞做动作，还必须接受舞蹈道德规范的约束。在体育舞蹈运动过程中，舞者明白了权利义务模式，能够更好地融入其社会角色之中。

2. 体育舞蹈对个性的影响

人的各项心理特征的总和就是个性，它是人在长期的社会实践中得以形成的，决定了一个人能够适应社会或被社会接受。体育舞蹈对个性的发展有着重要的影响，主要体现在四个方面，如图4-10所示。

第四章 体育舞蹈的社会学理论与社会适应价值

调整个性	• 人们在参与相应的体育舞蹈时,不仅需要体能和技能的投入,还需要相应的情感和心里投入。尤其是在体育舞蹈竞赛中,需要舞者尽可能的突破极限,成就更加非凡的自己。这一过程中,舞者需要充分的情感投入,并且要善于发现自身个性的优点,并将其展现出来,对于自身个性中的不足则需要采取相应的措施进行弥补。通过体育舞蹈竞赛,舞者能够实现自我认识的加深,促进自我的进一步完善,这一过程是个性不断发展和展现的过程。另外,对于观赛者而言,通过观看舞者的表演,能够体育舞者的情感,陶冶情操,实现自身个性的发展
约束个性	• 在集体性体育舞蹈项目中,每一个参与者都必须遵循相应的团队活动规则,其活动都会受到一定程度的限制和约束。在运动过程中,团队成员受到团队活动的激励和督促,人们为了适应团队的需要而做出相应的调整。这不仅是技术的、技能的,而且还是精神。在集体舞蹈项目中,表现良好的人会得到人们的称赞,如果表现不好则可能会受到人们的排斥。舞者为了适应团队的需要,得到人们的尊重和认可,不得不受到相应的行为规范的约束,改变自身中与群体不相符合的个性特质,并保持与群体的和谐统一
形成积极个性	• 体育舞蹈具有活泼、流畅、优雅、洒脱等特性,如摩登舞,其舞步圆滑、流畅,动作华丽、欢快,具有洒脱自由、热情奔放等特性。舞者在练习体育舞蹈时,需要较多的情感投入,使得自身的情感在舞蹈动作中得到展现,这在潜移默化中使得人们形成积极、乐观向上的个性。另外,在进行体育舞蹈练习时,为了实现相应的运动目的,练习者需要进行反复努力、持久进行练习,在这一过程中,磨炼了自身坚强的意志品质以及拼搏进取的精神
丰富情感个性	• 现代社会决定着现代人的情感,它不仅表现为强烈的责任感、道德感、执著的追求感,而且也表现为理性感。在体育舞蹈练习过程中,需要练习者进行相应的情感投入,其情感体验具有一定的复杂性。通过进行相应的体育舞蹈练习,能够在一定程度上丰富人们的情感体验

图 4-10 体育舞蹈对个性的影响

(六)促进和谐社会构建

体育舞蹈蕴含的文化价值非常丰富,能够培养起人们自由、平等、和平共处等社会意识,促进和谐社会构建。

体育舞蹈是大众体育健身项目，在全世界范围内广泛流传，任何人，不分肤色、贫富、贵贱、种族、信仰和性别，都可以参与其中，自由和平等的体育参与意识不仅成为社会共识，也渗透到人们生活、学习、工作的其他方面

体育舞蹈的科学参与可令运动者受益颇多，这正充分体现了付出与收获的公平性。在社会生活中，要学会努力和积极进取，如此才能实现自己的个人价值和社会价值

体育舞蹈的发展，需要依托社会政治、经济、文化等各方面的力量，否则体育舞蹈会失去发展基础，参与体育舞蹈，能促进运动者的开放性社会意识的形成，并学会向优秀和榜样学习，以不断促进自身的发展与完善

参与体育舞蹈健身，并非单纯的动作模仿，运动者还必须掌握一定的运动知识、训练规律及舞蹈相关知识，如此才能使得体育舞蹈的健身实践在理论知识指导下更加科学、高效，参与体育舞蹈可引导人们崇尚知识、不断学习，追求进步

图 4-11　体育舞蹈促进和谐社会构建

第五章　体育舞蹈技能训练的科学理论指导

在进行体育舞蹈技能训练的过程中,离不开科学理论的指导。只有在科学理论的指导下,体育舞蹈技能训练才能取得预想的效果,而且进行技能训练还需要身体素质训练的支撑。

第一节　体育舞蹈技能训练的基本原理

一、体育舞蹈运动技能的动作要素构成

体育舞蹈运动技能包括以下几个动作要素。

(一)身体姿势

身体姿势,就是体育舞蹈运动过程中身体或身体某部位所处的状态及身体各部位的空间位置关系。

(二)动作轨迹

动作轨迹是身体或某部位在运动时移动的路线。动作轨迹分轨迹形状、轨迹方向和轨迹幅度。其中轨迹形状包括直线、曲线等,轨迹方向包括前后、左右等,轨迹幅度包括长度、角度等。

（三）动作时间

动作时间是人体完成某一技术动作所需的时间,有整体动作完成的总时间和各环节的操作时间之分。

（四）动作速度

动作速度指的是身体或某一部位单位时间内移动的距离。动作速度包括瞬时速度、平均速度、初速度、末速度、加速度和角速度等。

（五）动作力量

动作力量是人的身体整体或某一部分在完成动作过程中,克服阻力时的用力。动作力量是人体内、外力相互作用的结果。

（六）动作速率

所谓的动作速率,是指同一动作在单位时间内的重复次数。

（七）动作节奏

动作节奏是指完成动作过程中的时间特征。动作的用力大小、时间长短、速度快慢及幅度大小等是影响动作节奏的要素。

二、体育舞蹈中的运动技能迁移

（一）运动技能迁移的概念

运动技能迁移指的是已经掌握的动作经验,对新学习动作的熟练性掌握程度的提升或降低。

（二）运动技能迁移的条件

运动技能迁移要具备一定的条件,主要包括技术动作的共同因素、对已有动作经验的概括水平、学习的指导、归纳与整理。具体分析如图 5-1 所示。

第五章 体育舞蹈技能训练的科学理论指导

技术动作的共同因素
- 在运动技能迁移过程中,要概括新、旧动作,从理论上详细分析动作本质,两种技能之间是否有共同因素及共同程度大小决定了迁移范围与迁移效果

对已有动作经验的概括水平
- 运动技能迁移的过程是将已有运动经验具体化,并运用到新动作中的过程。因此,动作技能的迁移效果直接受运动经验多少和水平的影响。掌握的运动技术越多,积累的运动技能学习经验就越丰富,就越有利于新动作技能的学习

学习的指导
- 在学习运动技能的过程中,要将迁移规律充分利用起来,对新技术动作进行准确把握,这就要加强学习的指导。指导者要科学安排学习的内容,通过详细的讲解和正确的示范,使学习者迅速建立动作表象,并使学习者利用已有知识和运动经验来学习新的技术动作。在学习过程中,学习者要善于思考,将已有的知识经验运用其中,对技术的共同点和区别进行总结

归纳、整理
- 在运动技能学习中,不可能完全只学习某个单独的、孤立的动作,学习新动作必须建立在已经掌握的旧动作的基础上,旧技能对新技能的学习有时起促进作用,有时有干扰影响,因此应运用归纳法归纳与整理千变万化的运动技能,然后从运动生物力学的角度分析某些单个动作,找出相似性,进行归类,这样能够为学习新技术提供方便和参考

图 5-1 运动技能迁移的条件

第二节 体育舞蹈技能训练应遵循的基本原则

一、针对性原则

针对性原则是体育舞蹈技能训练应遵循的一个基本原则。体育舞蹈舞者在训练时,有着特定的目标和环境条件,训练的内容也是特定的,有专项的特点,因此,必须根据这些信息,采取针对性的方法,以便提高运动者对复杂多变环境的适应能力。

二、个体化原则

体育舞蹈训练需遵循个体化原则。对于每个舞者来说,在形态、技能、素质、智力、心理和思想作风等方面都有自己的个体特点,这就要求在体育舞蹈训练中,根据自身的实际,采取相应的训练模式和方法。只有如此,才能使训练达到最佳效果。

三、全面性原则

体育舞蹈技能训练中要做到全面性,主要是指在进行训练时,应注重身体训练和各种技术的全面性,不能因局部的训练而忽视了整体的发展。只有坚持全面性的原则,才能在训练中不断找出不足,补齐短板,否则便会发生伤害事故和舞蹈动作的艺术表现力。遵循全面性原则,要求在训练中注重训练方法和内容的多样性。

四、理论与实践相结合原则

在进行体育舞蹈训练时,需要具备一定的科学理论知识,如生理学、心理学等方面的学科理论,只有具备多方面的知识,才能对训练的基本原理有清晰的了解和认识,也才能保证训练的合理进行和理想效果的取得。只掌握相关理论是不够的,还要将学习到的理论用到训练实践中去,做到理论与实践的结合。

五、循序渐进原则

在体育舞蹈技能训练过程中,要遵循循序渐进的原则。尤其是对于初学者来说,切不可急功近利,想要一口吃成个胖子。运动技能的形成有自己的规律,只有从实际出发,制订科学的计划,长期坚持不懈地进行,从易到难,由简至繁,才能保证训练的科学性和安全性。

六、系统化原则

系统化原则,是指以系统、连贯的体育舞蹈训练而有效稳步地提高运动者舞蹈运动水平。坚持这一原则,意味着在体育舞蹈训练的整个过程中,需要进行长期、系统、连贯、有序的控制,如此才能获得最大的训练累积效益。

七、合理调控运动负荷原则

合理调控运动负荷原则是体育舞蹈训练过程中需要遵循的重要原则。在安排运动训练负荷时,要更科学、更合理,这样运动者的训练水平和运动成绩才能不断提高。运动负荷过小,达不到训练效果;运动负荷过大,则会给运动者的身体造成伤害。要做到科学合理,需要从训练的任务及运动者个体的情况出发,遵循人体机能的训练适应规律。

第三节 体育舞蹈技能训练的科学方法

体育舞蹈的训练是一项系统的工作,需要训练者掌握一定的训练方法。本节将针对形体训练和技术训练入手,分析其训练的相应方法,为体育舞蹈训练实践提供方法的指导。

一、基本姿态方法训练

体育舞蹈中身体的整体或不同部位都有着一定的基本姿态,这些基本姿态属于体育舞蹈基本功之一,且拥有良好的身体姿态对于开展好体育舞蹈这项运动无疑更能增强美感与观赏性。因此,对基本姿态的训练应该予以重视。

在体育舞蹈中,基本身体的姿态主要是以芭蕾舞和古典舞的姿态为基础的。这里就主要对这两种舞的身体姿态进行指导。

（一）芭蕾舞基本姿态

1. 基本手位与脚位

芭蕾舞的手部自然姿势为手掌手腕自然下垂，手指伸长，拇指与中指稍向内收（图5-2）。

图 5-2

（1）基本手位

芭蕾舞的手位有许多种，它们以"位"来确定相对位置（图5-3）。

一位：两臂自然在体前下垂，两肘关节稍稍向外突出，两臂呈弧形，双手指尖相对，掌心向上。

二位：在一位的基础上两臂向前平举，与肩齐高。

三位：在二位的基础上两臂上举，上举角度接近但不达到90%。

四位：在三位的基础上一手保持，另一手回至二位。

五位：在四位的基础上位于二位上的手臂向侧打开。

六位：在五位的基础上位于三位的手下落至二位。

七位：在六位的基础上位于二位的手经体前向侧打开。

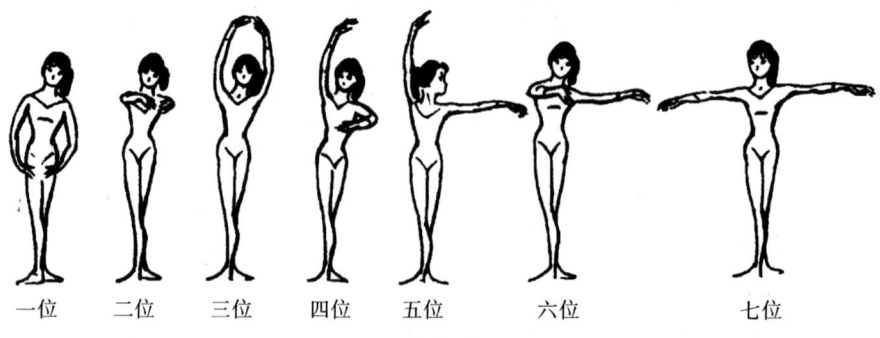

一位　二位　三位　四位　五位　六位　七位

图 5-3

第五章 体育舞蹈技能训练的科学理论指导

手位练习的注意点主要是要确保动作过程中肩膀部位的放松,手肘和手腕等关节自然弯曲,两臂要始终保持弧形的姿态,而不能有僵直感。

(2)基本脚位

芭蕾舞基本脚位详细描述如下(图5-4)。

一位:两脚脚跟并拢,脚尖朝两侧分开,两脚近乎呈一条直线。

二位:在一位的基础上两脚跟分开,宽约一脚距离。

三位:一脚跟叠于另一脚跟后站立。

四位:两脚前后平行站位,距离一脚,两脚脚尖朝向左右两边。

五位:在四位的基础上将平行的两脚相贴。

脚位练习的注意点主要有髋部始终保持正直,腿部与臀部的肌肉要做到收紧。脚位开度要到位,从髋到脚都要外开。

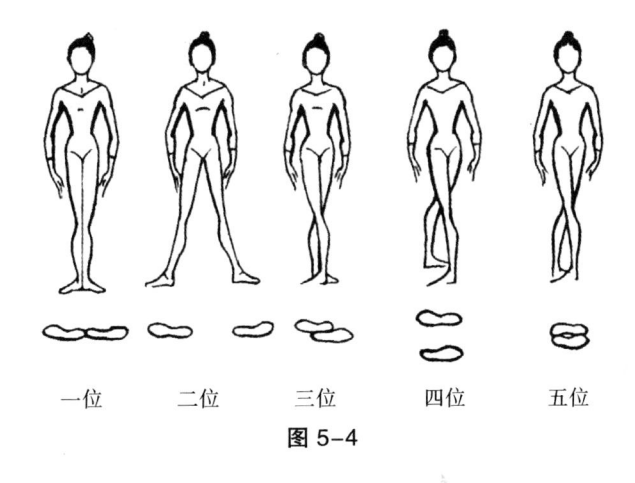

一位　二位　三位　四位　五位

图 5-4

2. 基本舞姿

所谓的舞蹈姿态是指多种静态动作造型。芭蕾舞中的基本舞姿有鹤立式、交叉式、攀登式、俯望式、迎风展翅式等主要类型。

(1)鹤立式

鹤立式舞姿共有前鹤立式、后鹤立式两种。鹤立式舞姿可在主力腿半蹲、直立、立踵等多种状态下完成。下面对两种鹤立式舞姿的动作进行具体描述。

①前鹤立式

动力腿前抬90°,小腿抬起的高度要接近大腿,高于大腿更佳。手位为五位(图5-5)。

②后鹤立式

动力腿后抬90°,小腿抬起的高度要接近大腿,高于大腿更佳。手位为五位(图5-6)。

（2）交叉式

交叉式有可前交叉式、后交叉式两种。

①前交叉式

面向8点方向,右脚前五位站立。右脚向前做擦地动作然后脚尖点地。手位为五位,头朝向2点方向(图5-7)。

②后交叉式

面向8点方向,右脚前五位站立。左脚向后做擦地动作然后脚尖点地。手位为五位,头朝向2点方向(图5-8)。

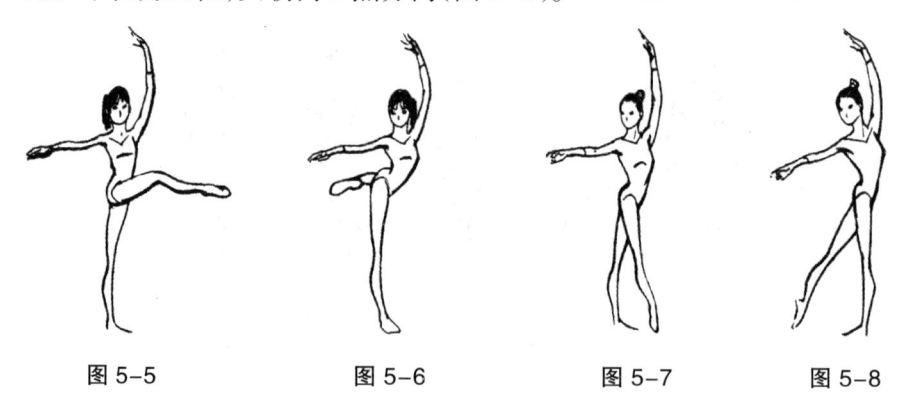

图5-5　　　　图5-6　　　　图5-7　　　　图5-8

（3）攀峰式与俯望式

攀峰式与俯望式由侧举腿动作开始,然后再通过身体和方向的变化形成两种舞姿。

①攀峰式

面向8点,左脚在前五位站立,右腿经体侧擦地后抬起超过90°的高度。右左手分别为三位、七位,头向右微转,身体微向左倾斜,目视右上方(图5-9)。

②俯望式

该舞姿大体与攀峰式相同,不同点为头向左微转,然后低头目视左下方(图5-10)。

第五章 体育舞蹈技能训练的科学理论指导

图 5-9　　　　　　　　　图 5-10

（4）迎风展翅

迎风展翅舞姿根据不同的手臂、腿及身体方位的变化可衍生出以下四种形式。

①迎风展翅 1

重心落于右腿，左脚向后擦出后抬起，高度不限。右手伸向前方，左手伸向斜后方（图 5-11）。

②迎风展翅 2

重心落于右腿，左脚向后擦出后抬起，高度不限。左手伸向前方，右手伸向侧后方，头向左转（图 5-12）。

③迎风展翅 3

重心落于右腿，左脚向后擦出后抬起，高度不限。左手伸向前方，右手伸向右后方，目视左手前方（图 5-13）。

④迎风展翅 4

重心落于右腿，左脚向后擦出后抬起，高度不限。右手伸向前方，左手侧后打开，头转向右方看右手（图 5-14）。

图 5-11　　　　　　　　　图 5-12

图 5-13　　　　　　　　　　图 5-14

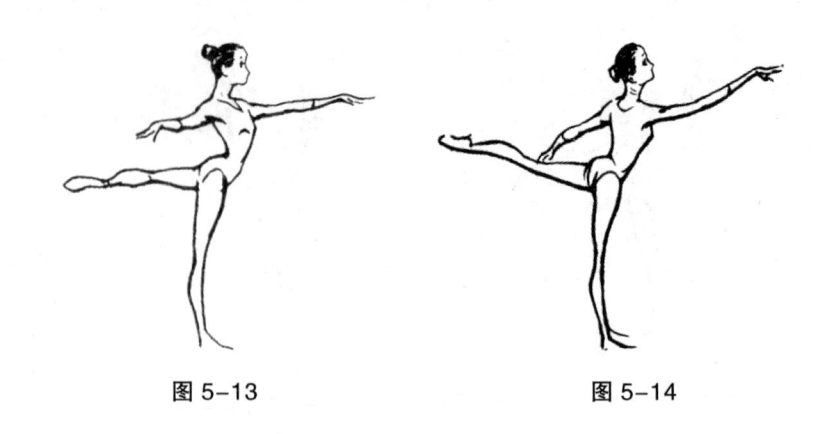

3. 芭蕾基本动作组合练习

芭蕾舞基本动作组合练习,就是将几种芭蕾舞基础动作进行适当组合,然后进行练习的方法,如此可使学生对芭蕾基础姿态有更深入的理解与把握,展现出更多、更具有代表性的芭蕾舞风格。

具体的芭蕾基本动作组合练习的方法如下。

(1) 第一个八拍

准备姿势:面向1点,右脚前五位站立,手位为一位

1拍:右手二位,目视右手。

2拍:右手七位,目视右手。

3拍:右手落下,微低头,目视右手。

4拍:右手一位,目视前方。

5—8拍:动作与1—4拍一致,唯方向相反。

(2) 第二个八拍

1拍:手位为二位,目视双手。

2拍:手位为三位,目视斜上方。

3拍:手位为七位,头部左转,目视左手。

4拍:手位为一位,目视前方。

5拍:手位为七位,头部稍左转,目视左手。

6拍:手位为三位,目视前方。

7拍:手位为两位,目视双手。

8拍:手位为一位,目视前方。然后身体转向8点方向。

(3) 第三个八拍

1拍:面向8点,右脚向前擦出后以脚尖点地,手位为五位,头转向

2点。

2拍：右腿向上抬起。

3拍：右腿下落后以脚尖点地。

4拍：右脚为五位，手位为一位，头转向8点。

5拍：面向8点，右脚向前擦出后以脚尖点地，手位为五位，头左转后低下，目视左下方。

6拍：左腿向后擦出后上举。

7拍：左腿回落后再向前，以脚尖点地。

8拍：左脚为五位，手位为一位，头转向8点。

（4）第四个八拍

1拍：右脚向侧方擦出后以脚尖点地，右手手位为三位，左手手位为七位，头左转，低头目视左下方。

2拍：右腿上举。

3拍：右腿下落后以脚尖点地。

4拍：右脚脚位为五位，手位为一位，头转至1点。

5拍：左腿向侧擦出后以脚尖点地，左手手位为三位，右手手位为七位，头左转，抬头目视左上方。

6拍：左腿上举。

7拍：左腿下落后以脚尖点地。

8拍：左脚脚位为五位，手位为一位，头转至1点。身体朝向为3点。

(二)古典舞基本姿态

1. 基本手型

（1）兰花掌
动作方法为食指、中指、无名指伸直，拇指与中指内收后指尖接触。

（2）虎口掌
动作方法为五指伸直并拢，然后虎口张开，掌的外侧发力。

（3）半握拳
动作方法为除拇指外的其余四指并拢内收为空心拳，拇指内屈贴顶食指和中指。

（4）实心拳
动作方法为除拇指外的其余四指并拢内收为实心拳，拇指内屈贴顶食指和中指。

（5）单指

动作方法为食指伸直，其余四指内收，拇指搭在中指上，无名指与小指自然弯曲。

（6）剑指

动作方法为食指与中指伸直并拢，无名指和小指内收，拇指内屈抵住内收的两指。

2. 基本手位

（1）山膀位

动作方法为手臂先做侧平举，然后向内旋，肘部微屈，扣腕，指尖朝向前方。

（2）按掌位

动作方法为两手手掌于身体前方下按，掌心向下，肘部有一定弯曲。

（3）托掌位

动作方法为两手手掌上举，掌心向上。

（4）提襟位

动作方法为手臂弯曲，两手提至髋部两侧，握拳。

（5）扬掌位

动作方法为两臂斜上举，两手掌心向上。

（6）顺风位

动作方法为一手为山膀位，另一手为托掌位。

3. 基本脚形

（1）勾脚

动作方法为脚趾并拢，脚的拇指带动脚腕向上勾。

（2）绷脚

动作方法为脚趾并拢用力下压，从而使脚背绷起。

（3）抠脚

动作方法为脚趾并拢用力下压，成绷脚后向里翻。

4. 基本脚位

（1）正步

动作方法为双脚并拢，脚尖朝前，两脚尖没有空隙。

（2）八字步

动作方法为两脚脚跟并拢，脚尖分开，分开角度约为60°。

（3）丁字步

动作方法为一脚脚跟抵靠另一脚脚弓，两脚相交约成90°。

（4）大八字步

动作方法为将八字步的两脚分开，分开距离约与肩同宽。

（5）踏步

动作方法为一脚在前，后脚脚掌向斜后方踏出。

（6）大掖步

动作方法为一腿弯曲半蹲，另一腿向后撤，然后掖于弯曲腿的斜后方。

（7）弓步

动作方法为一腿大步前迈后弯曲，大腿几乎与地面平行，小腿与地面垂直。另一腿在后伸直且全脚掌着地。

5. 单手动作

（1）撩掌

动作方法为手心向下，手腕带动手臂经体侧由下向上撩起。

（2）盖掌

动作方法为手心向下，手臂弯曲，两臂后从头上经体前盖至胸前。

（3）切掌

动作方法为手心向里，手臂弯曲，两臂后从头上经体前盖至胸前。

（4）端掌

动作方法为手心向上，手臂弯曲，两臂经体侧端至胸前。

（5）分掌

动作方法为手心向下，手腕带动手臂从胸前经头上分开成扬掌动作或下落。

（6）穿掌

动作方法为手心向下，手指并拢伸直指向上方，然后翻腕成手心向上的动作。

6. 双手动作

（1）云手

动作方法为右手掌心从朝向身体开始转变为向下，然后手臂弯曲在身体前经下方左方画半圆，同时左手掌心向上，由里向外画半圆。左右手依次完成画半圆的动作后交叉于胸前，右手下左手上。

（2）双晃手

动作方法为两手掌心向下，在手的带动下手臂由下向上绕环。

（3）小五花

动作方法为于腕带动手掌做小云手动作，然后双手交叉于胸前。然后右手向里转，左手向外转，成手心相对，继续转成左手在上。小五花动作应连续做出若干个。

7. 基本舞姿（图5-15）

（1）端腿

动作方法为主力腿支撑重心，动力腿膝部弯曲抬起，小腿与地面平行，脚心上翻，两臂为山膀位。

（2）小射燕

动作方法为主力腿支撑重心，动力腿膝部弯曲后抬，小腿抬起的角度稍高于与地面的平行线，上体向主力腿一侧稍转动，手臂为顺风旗位。

（3）大射燕

动作方法为在小射燕的基础上主力腿膝部弯曲，此前抬起的动力腿进一步高抬。

（4）掀身探海

动作方法为主力腿支撑重心，动力腿向后抬起，抬起角度近乎与地面垂直，身体稍向动力腿一侧转动。

第五章 体育舞蹈技能训练的科学理论指导

端腿　　　　小射燕　　　　大射燕　　　　掀身探海

图 5-15

二、基本扶把方法训练

在把杆训练中,把杆的高度应与舞者的腰部高度相当。基本扶把的方式主要有双手和单手两种,下面进行详细分析。

（一）双手扶把

在做双手扶把动作时,身体要与把杆间隔约 30 厘米的距离,身体面对把杆站稳,双手轻轻扶把,双手距离与肩同宽,肘部和肩部均保持放松状态（图 5-16）。

（二）单手扶把

在做单手扶把动作时,身体与把杆的间隔距离约 5 厘米。扶杆手放在身体前方不远处的杆上,肩部与肘部放松,另一首自然向体侧打开（图 5-17）。

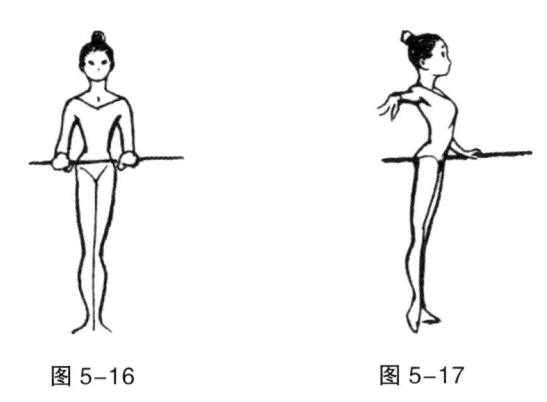

图 5-16　　　　图 5-17

三、舞步基础训练

（一）柔软步

开始时保持自然站立,然后伸直左腿,并伸向前下方,绷直脚面,先脚尖着地,然后自然过渡到全脚掌着地,与此同时落重心于左腿上。练习时两腿交替进行,两臂做前后自然摆动。

（二）足尖步

开始时保持两脚提踵并立,两手叉腰的姿势。开始做动作时,左腿伸向向前下方,膝关节和脚面同时绷直,先用脚尖着地支撑,然后过渡到前脚掌着地支撑,同时向前移动重心,练习时两腿交替进行。

（三）弹簧步

弹簧步包括向前、向侧和向后的弹簧步。

1. 向前弹簧步

第1拍,左脚前进一步,先用脚尖着地,然后柔软地过渡到全脚掌着地,膝同时稍微弯曲,并重心移动到左腿上,右腿也跟随着弯曲膝部,保持自然放松。

第2拍,左腿提踵,并伸直,右脚同时伸向前下方,腿伸直并绷直脚面,稍微向外旋。

第3—4拍,与第1—2拍的动作基本相同,只是方向相反。

2. 向侧弹簧步

第1拍,左脚向左迈出一步,先由脚尖着地,然后柔软地过渡到全脚掌着地,膝部同时弯曲,并将重心移动到左腿上,右腿也跟随着进行膝部弯曲动作,膝关节向外伸展,右脚在左脚后落地,着地时用前脚掌。

第2拍,将重心移动到右腿上,右腿与此同时伸直并提踵立,左腿跟随着伸向左侧下方。

第3—4拍,与第1—2拍的动作基本相同,只是方向相反。

3. 向后弹簧步

向后弹簧步与向前、向侧的弹簧步动作方法相同,只是方向相反。

(四)变换步

变换步动作变化多样,主要包括向前、向侧、向后做不同方向的变换步以及不同形式的变换步。

1. 向前变换步

第1拍,前半拍,左脚前进一步做柔软步;后半拍,将重心移动到左腿上,右脚同时与左脚相并,两手臂成一位。

第2拍,左脚前进一步做柔软步,与此同时,将重心移动到左腿上,右腿伸直,用脚尖向后点地。

第3—4拍,与第1—2拍的动作基本相同,只是方向相反。

2. 向侧变换步

第1拍,前半拍,左腿向左侧方向迈出一步;后半拍,将重心移动到左腿上,右脚与此同时与左脚相并,两臂成一位。

第2拍,左腿向左侧方向再迈出一步,将重心移动到左腿上,右腿伸直,用脚尖向右侧方向点地,左臂向侧举,右臂向前举。

第3—4拍,与第1—2拍的动作基本相同,只是方向相反。

3. 向后变换步

第1拍,前半拍,右脚后退,后半拍,将重心移动到右腿上,左脚在同一时间与右脚相并,两臂成一位。

第2拍,右脚向后方再退一步,将重心移动到右腿上,左腿伸直,用脚尖向前点地,左臂向侧方举,右臂向前方举。

4. 转体变换步

第1拍,前半拍,左脚前进一小步,做柔软步,后半拍,将重心移动到左腿上,右脚与左脚相并,两臂一位。

第2拍,左脚向前再迈出一步,做柔软步,右腿摆动到前方,与此同时做向左转体动作,转体180°,然后右腿向后方举,两臂先做向前方摆动的动作,然后成三位。

（五）华尔兹

华尔兹包括向前、向侧、向后华尔兹及华尔兹转体等。

1. 向前华尔兹

第1拍,左脚前进,做弹簧步,重心置于左腿,身体稍微向左倾斜,左臂做小波浪动作一次。

第2—3拍,右脚向前进,做两次足尖步。反方向动作相同,方向相反。

2. 向侧华尔兹

第1拍,左脚向左侧方向迈步,做向侧弹簧步。

第2—3拍,右脚在左脚后点地,然后伸直右腿,右脚并于左脚,提踵站立。与此同时,两臂向左侧方向做侧波浪动作一次,身体稍微向左倾斜,眼睛看向左手。反方向动作相同,方向相反。

3. 向后华尔兹

第1拍,左脚迈向左后方,身体稍微向左转体,右臂自然前摆,眼睛看向前方,左臂向后方自然摆动。

第2—3拍,右脚在左脚后点地,然后伸直右腿,左脚与右脚并拢。同时,右臂做向前方向的波浪动作,左臂做向侧后方向的波浪动作。

4. 华尔兹转体

第一个三拍,第1拍,左脚前进做弹簧步。第2拍,右脚前进,做足尖步,同时身体向左侧方向转体90°。第3拍,右脚做足尖步,并与左脚相并,身体继续向右转90°,两脚提踵并立。

第二个三拍,第1拍,右脚后退,将重心转移到左脚上。第2拍,右脚后退,做足尖步,同时身体向右转900°。第3拍,左脚并于右脚,同时身体向右侧转90°。

反方向转体时,动作相同,方向相反。

（六）波尔卡

波尔卡有向前、向侧、向后点地以及转体波尔卡等。

1. 向前波尔卡

开始时前右腿小跳并弯曲膝部,重心放在右脚上,同时左腿先做弯曲膝部的动作,然后伸向前下方。

1—2拍,左脚前进,做并步跳,同时将重心转移到左脚上,两脚在一位,上体向左侧方向倾斜,并稍微旋转身体。

3—4拍,换另一条腿进行。

2. 向侧、向后波尔卡

向侧、向后波尔卡的基本动作与向前波尔卡基本相同,只是方向向侧、向后。

3. 点地波尔卡

第1拍,左脚进行一次小跳,同时右腿向前方做点地动作,重心放在左腿上并稍微弯曲膝部,身体向右侧倾斜,眼睛向右前下方看。

第2拍,左脚进行一次小跳,同时右腿向后方做点地动作,重心放在左腿上并稍微弯曲膝部,身体向左侧倾斜,眼睛向右后方看。

第3—4拍,同向前波尔卡。

四、专项技术训练方法

体育舞蹈的专项技术训练方法主要包括两个部分:一个是摩登舞的专项技术训练方法,一个是拉丁舞专项技术训练方法,具体如下。

(一)摩登舞专项技术训练方法

1. 舞步动作

下面以快步舞、探戈舞和华尔兹舞对摩登舞的舞步动作的训练方法进行分析。三种舞种的舞动动作训练见图5-18。

快步舞基本舞步训练

- 具体有前进锁步、直行追步、四快步跑、后退锁步、左轴转步、右轴转步等的训练。训练时要注意掌握快步舞的摆荡和升降技术，要求降得低，升得高

探戈舞步动作训练

- 具体有基本左（右）转步、直行侧步、前进（后退）走步、前进连接步、分式（并式）滑行步、基本右转步等的训练

华尔兹舞步动作训练

- 具体有后退（前进）走步、左脚（右脚）并换步、右（左）转步、左（右）转等

图 5-18　摩登舞舞步动作的训练

2. 身体动作

摩登舞身体动作的训练方法有图 5-19 所示的三种。

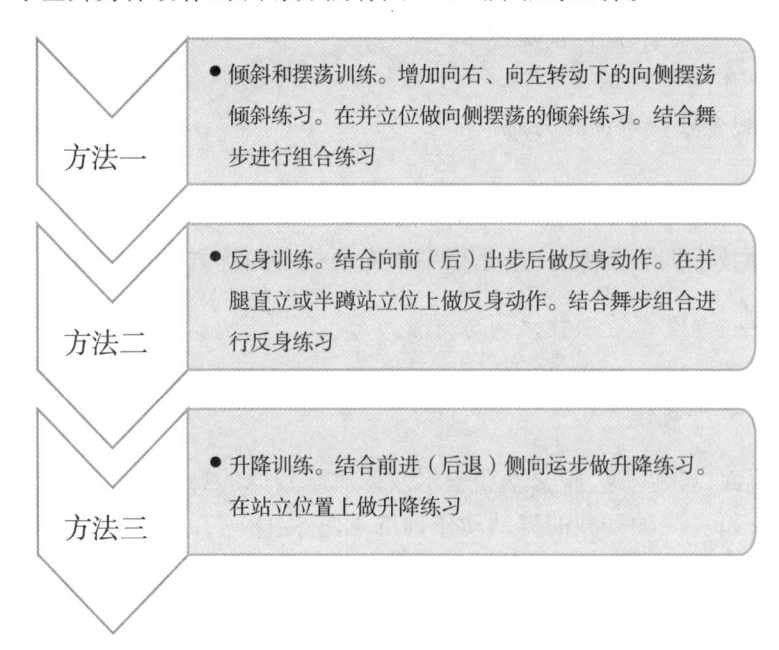

方法一
- 倾斜和摆荡训练。增加向右、向左转动下的向侧摆荡倾斜练习。在并立位做向侧摆荡的倾斜练习。结合舞步进行组合练习

方法二
- 反身训练。结合向前（后）出步后做反身动作。在并腿直立或半蹲站立位上做反身动作。结合舞步组合进行反身练习

方法三
- 升降训练。结合前进（后退）侧向运步做升降练习。在站立位置上做升降练习

图 5-19　摩登舞身体动作的训练方法

第五章 体育舞蹈技能训练的科学理论指导

(3) 舞姿

摩登舞的训练主要有开式位和闭式位两种训练方法。具体的训练步骤如图 5-20 所示。

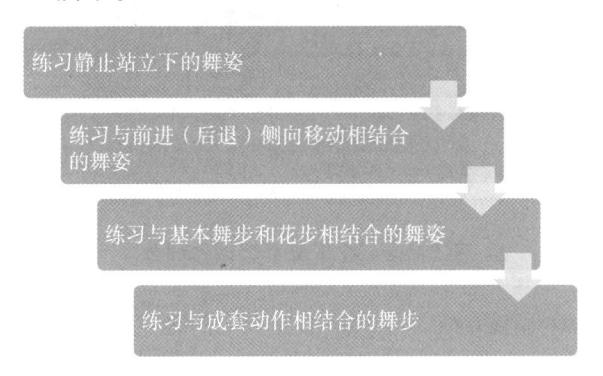

```
练习静止站立下的舞姿
    ↓
练习与前进（后退）侧向移动相结合的舞姿
    ↓
练习与基本舞步和花步相结合的舞姿
    ↓
练习与成套动作相结合的舞步
```

图 5-20　摩登舞舞姿的训练步骤

(二) 拉丁舞专项技术训练方法

1. 舞步动作训练方法

拉丁舞舞步动作训练方法如图 5-21 所示。

牛仔舞舞步动作训练
- 具体有并腿抛掷、连步（并腿）摇摆、基本步三种训练方法

恰恰恰舞步动作训练
- 具体有前后点步接画圈锁步、后退（前进、侧向）基本步、古巴断步和后退（前进）锁步四种训练方法

伦巴舞舞步动作训练
- 具体有后退（前进、侧向）基本步、原地移动、半重心移动步和后退（前进）走步等训练方法

图 5-21　拉丁舞舞步动作的训练

2. 手势动作训练方法

拉丁舞手势动作训练如图 5-22 所示。

```
一腿前（后、侧）点弓步，一手叉腰，
一臂做各方向举的动作

一腿前（后）点地开立，两臂做向前
（侧）的波浪动作

一腿侧点地立，做两臂斜位举的不对
称性动作

两腿并立，两臂做前（侧）、上（下）
及斜位举的对称性动作
```

图 5-22　拉丁舞手势动作训练

3. 身体动作训练方法

牛仔舞身体动作训练方法如图 5-23 所示。

```
两腿并立，两臂侧举，做左右腿交替
的上下屈伸弹动下的左右摆荡练习
（结合胯部）

两腿并立，两臂侧举，做左右腿
交替的上下屈伸弹动练习
```

图 5-23　牛仔舞身体动作训练

恰恰恰、伦巴的身体动作训练方法如图 5-24 所示。

```
两腿开立，在重心前后左右移动下，做
以身体带动胯部摆动的练习

两腿并立（或开立），做胸部以下至胯
部的转动和伸压练习

两腿开立，两臂叉腰（或侧举），在重
心前后左右移动下，前后左右摆动上体

两腿开立，两臂叉腰（或侧举），前后
左右摆动上体
```

图 5-24　恰恰恰、伦巴的身体动作训练方法

第六章　体育舞蹈技能训练的科学监督与保障研究

科学进行体育舞蹈运动,必须做好一定的准备工作,体能与营养是体育运动顺利进行的前提和基础。长期进行体育舞蹈运动,会出现运动疲劳的情况,此时应采取有效措施,尽快消除疲劳。在运动过程中,出现运动伤病也是在所难免的,因此一定要掌握相应的伤病防治知识,做到科学运动、安全运动。

第一节　体育舞蹈技能训练的体能与营养准备

一、体育舞蹈技能训练的体能准备

(一)力量素质培养

1. 颈部力量

颈部肌肉力量素质培养的具体方法如下。

(1)背桥练习

做背桥练习,练习者需采用仰卧或俯卧的姿势,用头部和脚支撑着地面,腰腹部上挺,两手放在胸腹部,身体反弓成"桥"或臀部上提成"桥"。

(2)头手倒立

练习者在墙壁前,慢慢弯曲手臂成头手倒立,用头支撑身体,双手维持平衡,两脚轻轻放在墙壁上,在练习时,保持这种姿势的时间尽量长一些。

2. 肩部力量

（1）直臂侧平举

自然站立，双手各持哑铃垂于体侧，两臂伸至侧平举，快起慢放。

（2）颈前推举

身体直立，两手握杠铃放在锁骨所处的位置，握距与肩膀的宽度相同，手臂向上伸直推起杠铃，然后慢放还原。

（3）颈后推举

两手反手握杠铃于颈后，手臂伸直向上举起杠铃，然后慢放还原。

3. 手臂力量

（1）手腕屈伸负重练习

两手反握杠铃或哑铃，前臂紧紧贴在大腿上，手腕伸出位于膝关节外。手腕上下旋卷，卷曲的幅度要尽量大。这一练习也可以采用正握杠铃的方式进行。

（2）坐姿弯举

练习者两腿分开坐在凳端，一手握哑铃，另一手掌置于异侧膝关节的上部，握哑铃手臂伸展，肘关节上部置于异侧手的手背上，上臂保持不动，慢速弯曲肘部，直到胸前，然后再慢慢恢复到开始姿势。

4. 胸部力量

胸部力量素质的培养方法多种多样，主要可分为徒手练习和器械训练。

（1）俯卧撑

练习者呈俯卧姿势，两手保持与双肩距离稍宽的间距，双臂保持伸直，双手撑地，两腿伸直，两脚并拢，脚趾撑地。

（2）仰卧扩胸

练习者在垫子或矮凳上仰卧，两手持哑铃，并伸直两臂，与身体成"十"字形。慢速将哑铃举至胸的正上方，然后慢速还原成预备姿势。

5. 腹部力量

（1）支撑举腿

第六章 体育舞蹈技能训练的科学监督与保障研究

双手在双杠上支撑,伸直两臂,伸展身体,放松下肢,双脚并拢,收腹举腿至水平位,然后还原。

（2）悬垂举腿

两手正握单杠,两臂伸展,下肢放松,身体悬垂,两腿伸直并通过收腹动作用力上提,脚腕触及单杠后再还原。

6.背部力量

（1）持铃耸肩

练习者保持身体的直立,双手正握杠铃,两肩胛尽力向上耸起,直到到达最高位置停止,然后还原为准备姿势。

（2）直腿硬拉

练习者保持两腿伸直的站立姿势,上体向前屈,挺胸紧腰,两臂伸直,两手握住杠铃,然后伸髋、展体,将杠铃拉起至身体挺直。还原后重新开始,反复练习。

7.腿部力量

（1）下蹲提铃

两脚呈开立状态,弯曲膝部,身体向下蹲,杠铃紧贴向脚后跟,正握杠铃,蹲起直臂将杠铃提起到臀部,挺胸直背,然后还原。

（2）负重深(半)蹲跳

双脚开立,双手握杠铃扛于颈后,屈膝半蹲快速蹬伸,髋、膝、踝充分伸展,向上跳起,落地时保持半蹲或深蹲。

（3）卧抬上体

俯卧在台面,上体从一端探出,两手置于头后,上身下俯,然后快速向后向上抬上体,有控制地慢速还原,反复练习。

(二)速度素质培养

1.反应速度

（1）反应起跳

画圆圈,两人站圈外,练习者站在圈内手持竹竿向外画圆,圈外人跳起躲避竹竿,若被打中,与圈内练习者互换角色继续练习(图6-1)。

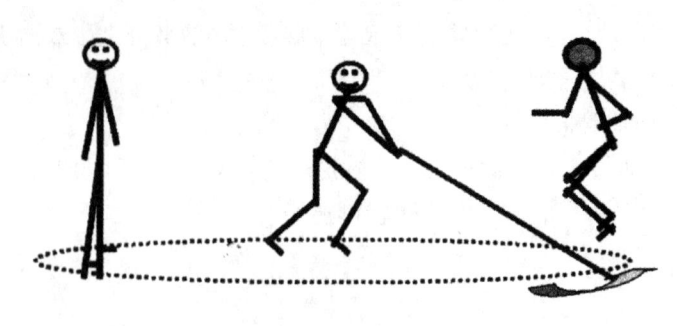

图 6-1　反应起跳

（2）压臂固定瑞士球

坐在凳子上，一侧臂侧伸，手掌压瑞士球。同伴向侧面不同方向拍球（最大力量的60%—75%），练习者手用力固定球（图6-2）。

图 6-2　压臂固定瑞士球

2. 动作速度

（1）双杠快速臂撑起

双手抓握双杠，两臂用力支撑，身体上移，再屈臂下移，反复练习（图6-3）。

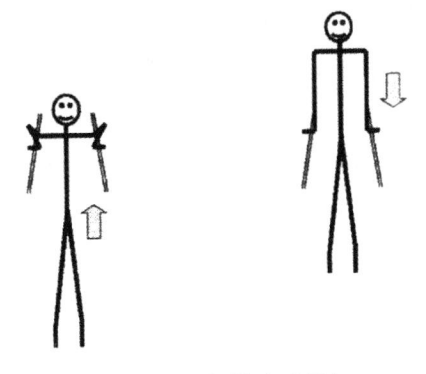

图 6-3　双杠快速臂撑起

（2）仰卧屈腿快速转腰

仰卧，双手握住横杆，屈膝收腹，髋快速向两侧转，反复练习（图6-4）。

（3）仰卧快速伸臂

仰卧在瑞士球上，手持哑铃举起，保持片刻，然后放下（图6-5）。直臂练习与屈臂练习交替进行。

图 6-4　仰卧屈腿快速转腰

图 6-5　仰卧快速伸臂

（4）侧卧腿绕环

侧卧在斜板上,身体充分伸展,上侧腿尽可能大幅度绕环,两腿交替练习(图6-6)。

图6-6　侧卧腿绕环

3.位移速度

（1）沙滩跑

在松软沙滩上快速跑(图6-7),利用沙子的阻力提高速度力量。

图6-7　沙滩跑

（2）弓箭步纵跳

弓箭步准备姿势,垂直起跳,落地还原,反复练习。双腿交替练习(图6-8)。

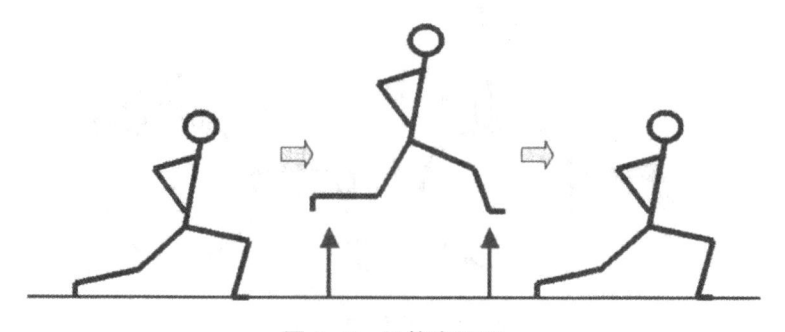

图6-8　弓箭步纵跳

（3）陡坡上坡跑

在坡度为 20°—35° 的上坡道上快速跑（图 6-9）。持续跑 4—8 秒后稍停顿，然后继续，争取在这个时间内每次跑的距离不断加长。

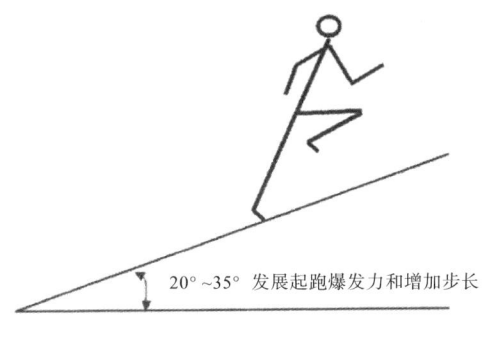

图 6-9　陡坡上坡跑

（4）跑台阶

快速跑上台阶（图 6-10），连续跑 4—8 秒后稍停顿，然后继续跑。

图 6-10　跑台阶

(三)耐力素质培养

1. 有氧耐力

（1）重复跑

在标准场地进行重复跑，跑的距离、次数与强度要根据自身的而具体需求来定。

（2）定时跑

在一定时间内进行匀速跑，一般为 15 分钟，为了提高练习效果，可逐渐延长时间。

(3) 定时定距跑

先确定要跑的距离范围,然后定时跑完,如跑距 3600—4600 米,用时 18 分钟左右。

(4) 沙地连续走或负重走

在海滩上进行徒手快走或负重走练习。

(5) 循环练习

将一定数量的练习动作,一般为 8—10 个,编成小组,不断进行循环练习,每组循环时间不少于 5 分钟,完成 3—5 组循环练习,组间间歇 5—10 分钟。

2. 无氧耐力

(1) 反复起跑

站立式起跑 30—60 米。每组 3—4 次,反复练习 3—4 组,一组两次之间间歇 1 分钟,两组之间间歇 3 分钟。起跑也可采用蹲踞式。

(2) 计时跑

可进行一定距离的计时跑。重复 4—8 次,间歇 3—5 分钟。

(四) 柔韧素质培养

1. 颈部柔韧

(1) 前拉头

双手交叉,抱于头后,呼气,向下拉头,下颌触碰胸部,保持一定时间后还原(图 6-11)。

(2) 团身颈拉伸

身体由仰卧举腿团身,头后部和肩部支撑身体,双手膝后抱腿。呼气,将大腿拉向胸部,用膝和小腿前部触地(图 6-12)。

图 6-11 前拉头 　　图 6-12 团身颈拉伸

2. 胸部柔韧

（1）坐椅胸拉伸

双手在头后交叉。吸气，两臂后移，上体上部后仰，胸部拉伸，保持片刻后还原，反复练习（图 6-13）。

（2）直臂开门拉胸

在一扇打开的门框内，双脚前后开立，双臂向斜上方伸直顶在门框和墙壁上。双手掌心对墙。呼气，身体前倾拉伸胸部，保持一定时间后还原，反复练习（图 6-14）。

图 6-13 坐椅胸拉伸 　　图 6-14 直臂开门拉胸

3. 腹部柔韧

（1）上体俯卧撑起

俯卧姿势，双手放在髋两侧，掌心向下、手指向前。呼气，用手臂撑起上体，头向后仰，形成背弓，保持一定时间后还原（图 6-15）。

（2）俯卧背弓

俯卧屈膝,脚跟向髋部移动。吸气,双手抓住脚踝。臀肌收缩,胸部和双膝离开垫子,保持一定时间后还原,反复练习(图6-16)。

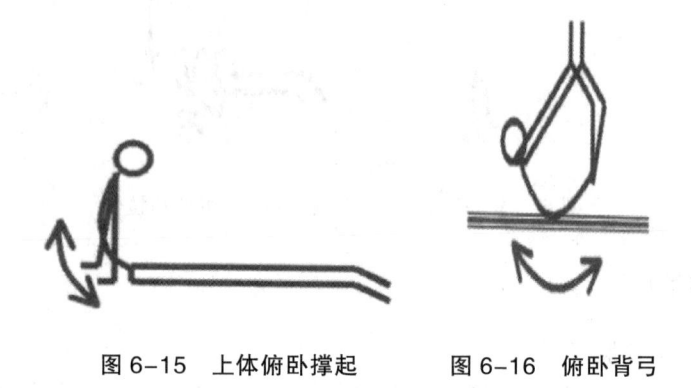

图6-15　上体俯卧撑起　　　图6-16　俯卧背弓

4.腿部柔韧

（1）站立拉伸

背部紧靠在墙上,吸气,抬起一条腿。同伴双手抓住练习者屈膝腿的踝关节上部,帮助腿上举,保持一定时间后还原(图6-17)。

（2）扶墙上拉脚

站立,用一只手扶着墙,一条腿弯曲膝盖,脚跟尽量靠近臀部。呼气,另一手抓住屈膝腿的脚背,吸气,缓慢提拉向臀部(图6-18)。

图6-17　站立拉伸　　　图6-18　扶墙上拉脚

第六章 体育舞蹈技能训练的科学监督与保障研究

（五）灵敏素质培养

1.徒手练习法

徒手练习法包括单人练习法与双人练习法。

（1）单人练习

①越障碍跑。练习者站立在设置障碍的跑道上，"开始"信号发出后，练习者迅速敏捷做跑、跳、绕的动作，并通过各种障碍物体，跑完全程。

②弓箭步转体。练习者开始时呈弓箭步姿势，两臂自然位于体侧。"开始"信号发出后，练习者两脚蹬地跳起，身体转180°成右箭弓步姿势，保持一定的节奏，交替进行。

（2）双人练习

①手触膝。两人一组，面对面站立。"开始"信号发出后，双方开始移动，并抓住有利时机想方设法触碰对方膝盖。

②躲闪摸肩。两人一组，一同站在拥有2.5米长直径的圆圈内。"开始"信号发出后，练习者巧妙拍摸对方左肩，另一人尽量躲避，练习要在规定的圈内进行，出圈重新开始。

2.器械练习法

同徒手练习相同，器械练习法也分为单人练习和双人练习两种形式。

（1）单人练习

单人练习的形式众多，包括各种传球、运球、顶球、追球、颠球、托球、接球和多球、滚翻传接球、悬垂摆动、翻越肋木、钻山羊以及各种技巧练习、体操练习等。

（2）双人练习

双人练习包括多种形式的传球、运球、接球、抢球、断球，以及跳跃障碍、顶球接前滚翻等练习。

3.组合练习法

不同的动作组合起来进行练习就是组合练习，依据组合中包含动作数量的不同，灵敏素质组合练习法有两个动作的组合、三个动作的组合以及多个动作的组合。

二、体育舞蹈技能训练的营养准备

(一)营养在体育舞蹈中的作用

营养在体育舞蹈中发挥着重要的作用。在合理营养的情况下,运动者的运动能力才能充分地发挥出来。具体来说,营养在体育舞蹈中的作用包括五大方面,具体如图 6-19 所示。

提供有益运动的能源物质同时保证能源物质的良好利用
- 任何形式的运动都是以热能的消耗为基础的。体内如果没有充足的能源物质,将导致ATP合成的速度就不能满足人体运动的需要。因此,体育舞蹈运动员应注意摄取含碳水化合物比较丰富的食物来保证体内储备有充足的肌糖原

肌纤维中能源物质的水平与运动损伤的发生有直接的关系
- 当肌纤维中的糖原耗尽时,人体自我控制及纠错的能力将大幅下降,从而导致出现运动损伤的可能性大大增加。若在运动前提高体内肌糖原的水平且在运动后积极促进肌糖原的恢复,则能够有效防止运动损伤的产生

营养有助于运动后运动能力的恢复
- 运动能力恢复的关键在于要恢复身体的代谢能力,这与肌糖原与肝糖原的储备、关键酶的浓度、体液、元素平衡及细胞膜的完整性等有很大关系。这些代谢能力的恢复需要依靠合理的营养措施才能够实现

营养可减轻运动性疲劳的程度或延缓其发生
- 引起运动能力下降的原因包括脱水、体温调节障碍引起的体温增高、酸性代谢产物的蓄积、电解质平衡失调所致的代谢紊乱、能源储备物质的损耗,等等,而这些问题都可通过实施合理的营养措施延缓其发生或减轻其程度

营养有助于解决训练中一些特殊的医学问题
- 体育舞蹈运动者为完成高难度技术动作,往往需要控制体重,有时会采用控制饮食、饮水、高温发汗、加大运动量引起出汗,甚至服用利尿剂或瘦身产品等措施来减轻或控制体重,但这些措施很有可能对机体造成损伤;运动者在冷热环境训练时都有特殊的营养需要。而对于不同的人群来说,当他们参加体育舞蹈时,均存在不同的医学问题,需要进行特殊的营养监督从而保证他们的正常训练、锻炼与身体健康

图 6-19 营养在体育舞蹈中的作用

(二)体育舞蹈的营养学基本要求

与其他运动相比,体育舞蹈有自身的特点,其对运动者的营养要求也具有特殊性。对于参与体育舞蹈的运动者来说,要注意以下营养学要求。具体如图 6-20 所示。

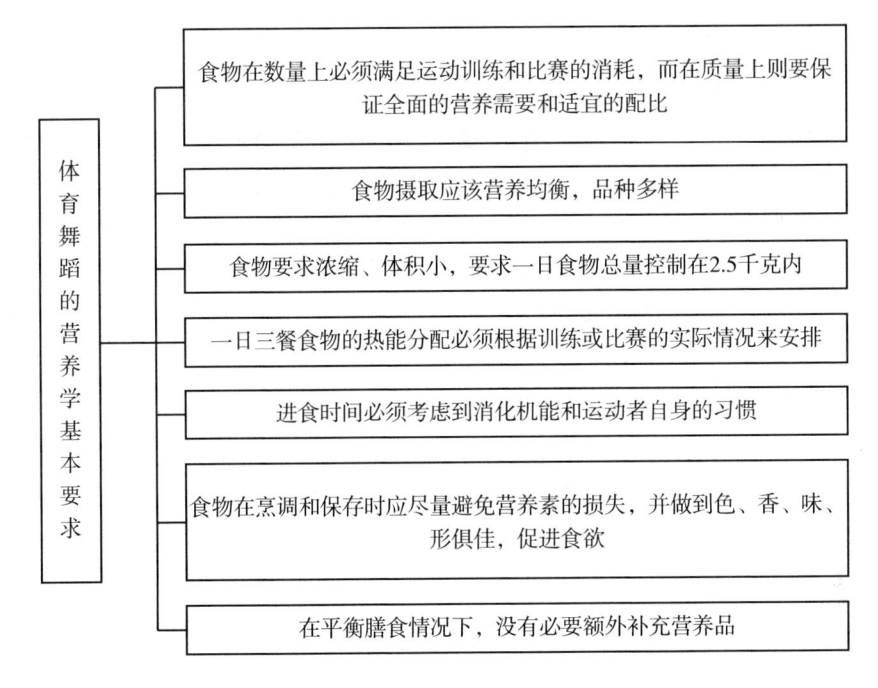

第六章 体育舞蹈技能训练的科学监督与保障研究

```
                    ┌─────────────────────────────────────────────────┐
                    │ 食物在数量上必须满足运动训练和比赛的消耗,而在质量上则要保 │
                    │ 证全面的营养需要和适宜的配比                      │
                    └─────────────────────────────────────────────────┘
                    ┌─────────────────────────────────────────────────┐
    体              │ 食物摄取应该营养均衡,品种多样                     │
    育              └─────────────────────────────────────────────────┘
    舞              ┌─────────────────────────────────────────────────┐
    蹈              │ 食物要求浓缩、体积小,要求一日食物总量控制在2.5千克内 │
    的              └─────────────────────────────────────────────────┘
    营              ┌─────────────────────────────────────────────────┐
    养              │ 一日三餐食物的热能分配必须根据训练或比赛的实际情况来安排 │
    学              └─────────────────────────────────────────────────┘
    基              ┌─────────────────────────────────────────────────┐
    本              │ 进食时间必须考虑到消化机能和运动者自身的习惯       │
    要              └─────────────────────────────────────────────────┘
    求              ┌─────────────────────────────────────────────────┐
                    │ 食物在烹调和保存时应尽量避免营养素的损失,并做到色、香、味、│
                    │ 形俱佳,促进食欲                                   │
                    └─────────────────────────────────────────────────┘
                    ┌─────────────────────────────────────────────────┐
                    │ 在平衡膳食情况下,没有必要额外补充营养品            │
                    └─────────────────────────────────────────────────┘
```

图 6-20 体育舞蹈的营养学要求

(三)体育舞蹈营养准备中三大营养素的均衡

1. 蛋白质

人体内激素、血液及皮肤的组成都包含蛋白质,在人体干燥成分中(将水分除去),蛋白质所占比例达 30%—40%。

蛋白质主要发挥以下两个方面的作用。

第一,是皮肤、激素和血液的重要组成部分,对人体组织如毛发、肌肉、脏器等功能的发挥起到维持作用。人体组织的新陈代谢会造成蛋白质的消耗,因此对蛋白质的补充很重要。

第二,蛋白质有助于促进缓解伤病症状,促进机体恢复和健康,也能缓解紧张的精神状态。因此,当机体受伤或生病时,当精神紧张时,可以通过补充蛋白质来促进身心健康。而且在伤病或紧张状态下补充的蛋白质的量要比平时多。日常生活或工作中如果身心压力大,消耗的机体与心理能量多,那么要特别重视对蛋白质的充分补充。

2.碳水化合物

一些减肥人士以碳水化合物易使人变胖为由而拒绝补充这类营养素,事实上,只要补充的热量多,而只消耗了小部分热量,就容易致人发胖,这不是碳水化合物的问题,补充蛋白质时如果摄入量远远大于消耗量,同样也有发胖的可能。可见,对摄入热量的方法进行调整以及保持摄入与消耗的平衡很重要。如果不注意补充碳水化合物,为了满足机体活动之需,就会使蛋白质快速分解,蛋白质用于供应机体所需能量后,体内蛋白质大量减少,会影响身体活力。因此,不仅要补充蛋白质,还要补充必要的碳水化合物,使其参与供能,维持机体正常活动。

3.脂肪

很多人将脂肪视作"天敌",减肥人士尤其是女性群体更是如此。但是完全不摄入脂肪是不可取的。人体健康的保持离不开脂肪,提高身体机能水平需要我们摄入一定量的脂肪。但是脂肪不可摄入过多,而且很多含有蛋白质的食物中就已经包含了脂肪,补充这些食物就能补充脂肪,而且日常生活中进食用食用油加工过的食物也能补充脂肪,所以一般情况下不需要刻意去摄入脂肪。

脂肪中的不饱和脂肪酸对人体健康十分有益,其中必需脂肪酸对机体健康有重要意义,所以补充脂肪时以补充必需脂肪酸为主。人体内不会自动合成这类营养素,所以要摄入含有必需脂肪酸的食物来补充这类营养。

蛋白质、碳水化合物和脂肪是人体必需的三大营养素,补充这些营养素很重要,补充时要满足机体健康和机体活动的需要,要与能量消耗达到平衡,要保持三大营养素补充的适宜比例。此外,补充其他微量营养素如矿物质、维生素也非常关键,补水更是不可忽视,只有全面均衡地补充,才能使身体始终充满活力,提高生活、学习及工作效率,预防疾病,维持持久的健康。

(四)体育舞蹈运动中补充营养的原则

参加体育舞蹈,要达到良好的健康促进效果,就要讲求营养均衡搭配,将合理运动和全面营养结合起来,对健康大有裨益。参与体育舞蹈运动锻炼,要全面锻炼身体各个部位和各项身体素质,不仅运动要讲求

第六章　体育舞蹈技能训练的科学监督与保障研究

全面性,营养也要讲求全面性。全面的运动配合全面的营养才能达到全面的健康。在体育舞蹈运动锻炼中补充营养与在日常生活中补充营养还是有区别的,因为运动中消耗能量多,所以营养补充量也多一些。下面对人们在体育舞蹈运动锻炼中补充营养的几项原则展开分析。

1. 营养平均化原则

在体育舞蹈运动锻炼过程中每天吸收的营养要全面、均衡,要合理搭配食物,提高吸收效果。人体过快吸收营养其实不利于身体健康,如果只吃细粮,机体很快就能吸收营养物质,不利于身体的持久健康,而如果适当吃一些粗粮,体内消化分解时间长,人体利用这些营养物质的时间也比较长,这对身体健康有好处。所以要注意粗粮和细粮的合理搭配,而且适当吃粗粮还能使饱腹感增加,对体重的控制也是有好处的。

要对营养吸收的速度进行控制,提高吸收效果,并很好地对体重加以控制,就要遵循少吃多餐的饮食原则,补充营养要分批完成,既不能暴饮暴食,也不能在过度饥饿时进食。少吃多餐还有助于较快消除疲劳,运动结束后使身心快速恢复到正常状态,这对之后的锻炼也有好处。

2. 时效性原则

在体育舞蹈运动锻炼中要注意补充营养的时效性,抓住黄金时期来及时补充营养,使身体在运动过程中消耗的营养物质快速得到补充,这样达到的效果是事半功倍的。运动过程中和运动结束后 30 分钟内,运动肌肉充满血液,身体活性物质达到最佳分泌状态,这时需要及时补充营养物质来修复机体内环境。营养补充越及时,机体内环境的修复效果就越好,肌肉力量就越能得到发展,肌肉疲劳也能快速恢复,从而以良好的身体状态参加运动锻炼。青少年在日常生活中补充营养也要注意时效性。在一日三餐中要补充必要的营养物质,尽可能减少夜宵的饮食量。因为夜里人体新陈代谢速度减慢,肌肉血液流量比运动中小很多,这种情况下如果吃太多的夜宵,就会在体内储存脂肪,导致身体肥胖,对健康造成危害。时效性还体现在日常生活中,例如我们都需要控制消夜。因为在人体代谢减缓、肌肉血流量减小的情况下摄入大量能量,这些能量会被尽快处理并转化为脂肪储存起来,时间长了就容易造成肥胖,危害健康。

3. 个体化原则

不同人的生活习惯、饮食习惯、运动习惯都是不同的,所以不管在日常生活中还是在运动锻炼中补充营养,都要根据自己的实际情况来搭配食物,要遵守个体化原则,营养搭配要能满足运动需要,要对身心健康有益,在运动锻炼中还要根据运动处方的变化而对营养方案进行调整,以免出现不良身体反应。

第二节 体育舞蹈技能训练的疲劳与恢复

一、运动疲劳的概念与分类

(一)运动疲劳的概念

人体在进行多次的大负荷运动后,机体不能在特定的时间和空间里重新建立适应性平衡的机能变化过程就是运动疲劳。

(二)运动疲劳的分类

按照不同的依据和标准,可以对运动疲劳进行不同的分类。下面主要依据疲劳发生部位、疲劳发生性质、疲劳恢复时间对其进行分类。几种分类如图 6-21、图 6-22、图 6-23 所示。

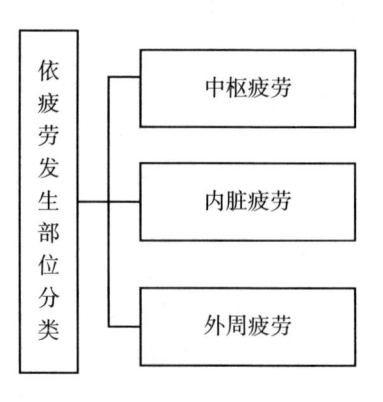

图 6-21 依据疲劳发生部位分类

第六章 体育舞蹈技能训练的科学监督与保障研究

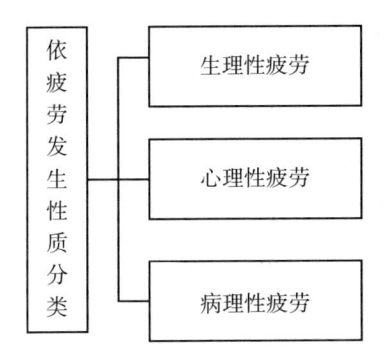

图 6-22 依据疲劳发生性质分类

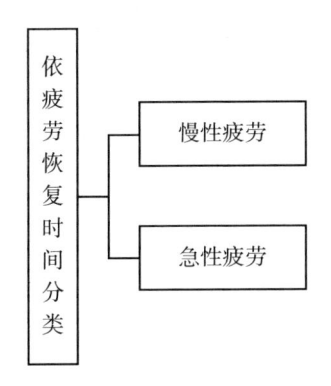

图 6-23 依据疲劳恢复时间分类

二、运动疲劳发生的机制

（一）内环境失调

参与者长时间地参加体育舞蹈运动,体内的能源物质消耗就会增大、变快,HL 值升高,血 pH 下降,体内的无机盐、水分减少,维生素含量不断下降,这就会导致机体的内环境发生变化,影响机体的正常活动,运动能力也会随之下降,还有可能导致运动损伤。

（二）代谢物堆积

人体在运动的过程中,随着运动负荷的增加,机体内大量分解并消耗肌糖原,ATP 和 CP 大量消耗,并在肌肉中堆积了大量的乳酸,乳酸大量堆积会影响体内的正常代谢,会出现失代偿性酸中毒,致使 ATP 合成量减少,使肌肉有酸痛感、运动能力下降。如果继续参加运动,就容易导致运动疲劳,因此一定要引起重视。

(三)心理因素

由于每一名参与者的具体情况都是不同的,因此其在运动的过程中发生运动疲劳的早晚、程度也是不同的。

下面重点分析心理因素对参与者运动疲劳的影响。

1. 个性

如果参与者选择了与自我个性不符的运动内容,就容易引发运动疲劳,因此运动者一定要采取必要的手段和措施激发自己学习的兴趣,促使自己积极主动地去学习和锻炼。

2. 情绪

当参与者在情绪低落,情绪不稳定时参加运动,就容易导致动作僵硬和不连贯,久而久之就容易发生心理疲劳的现象。因此,一定要采取各种手段与方法刺激参与者积极的情绪。

3. 注意力

当参与者在参加体育舞蹈的过程中,如果注意力不集中或注意力稳定性较差,也容易导致心理疲劳的发生。因此参与者在参加运动的过程中一定要保持高度的注意力。

三、运动疲劳的症状与诊断

(一)运动疲劳的症状

1. 运动生理疲劳

运动生理疲劳有轻度、中度、重度三个级别,不同级别的疲劳症状不同,见图 6-24。

第六章 体育舞蹈技能训练的科学监督与保障研究

轻度疲劳	中度疲劳	重度疲劳
无任何不舒服	疲劳、腿痛、心悸	除疲乏、腿痛、心悸外，尚有头痛、胸痛、恶心甚至呕吐等征象，且持续相当一段时间
血色稍红	血色相当红	血色十分红，苍白、有时呈紫红色
排汗量不多	排汗量较多	排汗量非常多，尤其是整个躯干部分
呼吸中度加快	呼吸显著加快	呼吸显著加快，并且呼吸表浅有时会出现节律紊乱
步态轻稳	步态摇摆不稳	摇摆现象显著，出现不协调动作

图 6-24　不同级别运动生理疲劳的症状

2. 运动心理疲劳

对于运动心理疲劳来说，厌恶运动是最主要的症状，此外还会有图 6-25 中的表现。

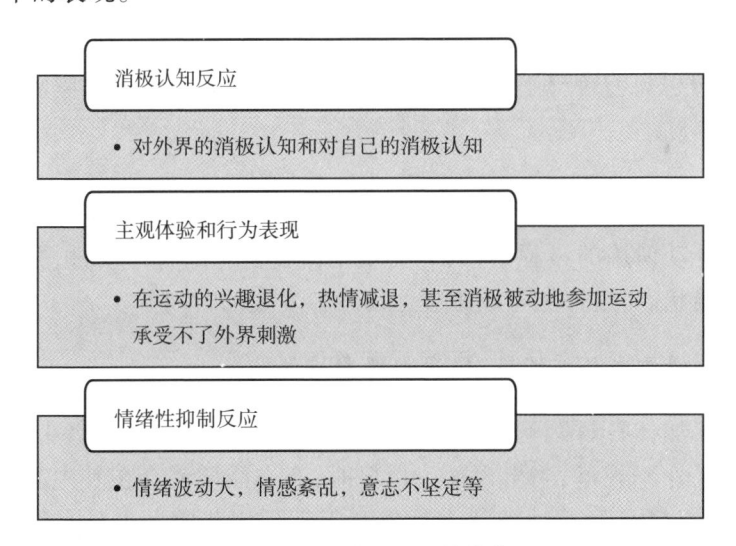

消极认知反应
- 对外界的消极认知和对自己的消极认知

主观体验和行为表现
- 在运动的兴趣退化，热情减退，甚至消极被动地参加运动承受不了外界刺激

情绪性抑制反应
- 情绪波动大，情感紊乱，意志不坚定等

图 6-25　运动心理疲劳的表现

四、体育舞蹈技能训练中的疲劳恢复方法

（一）延缓运动性疲劳的途径

长时间地参加运动难免会发生一定的运动疲劳现象，而运动疲劳的发生要越晚越好，而要想延缓疲劳的发生就需要采取针对性的手段与措施。

1. 长期坚持运动锻炼

要养成长期坚持参加运动锻炼的好习惯，运动锻炼要保持经常性和长久性，这样才能促使身体素质得到明显的改善，从而延缓运动疲劳发生的时间。

2. 选择适宜的内容

要依据自己的爱好和实际选择适合自己的运动项目及内容，这样能有效避免各种原因所导致的身体疲劳的产生。

3. 使发展的供能能力与运动项目相适应

不同的运动项目其供能系统的特点存在着一定的区别，要充分了解不同运动项目的特点，并与自己的锻炼需求相结合，从而延缓运动性疲劳的时间。

4. 保证饮食的全面性和合理性

在运动锻炼的过程中，要尤为重视饮食营养的合理安排，并维持良好的体能状态，这样能有效延缓运动疲劳发生的时间。

5. 加强意志品质锻炼，提高心理素质水平

在参加体育舞蹈运动中，难免会面临一些困难，或运动基础较差，或技术动作不规范，当出现这一情况时，意志品质就会在其中起到重要的作用，具备良好的精神意志品质对于延缓疲劳的发生具有重要的帮助。因此，在平时还要加强参与者意志品质的锻炼，提高参与者的心理水平。

第六章　体育舞蹈技能训练的科学监督与保障研究

（二）运动疲劳恢复的方法

1. 劳逸结合

根据运动疲劳的机制和原理,参与者参加体育舞蹈运动锻炼一定要注意劳逸结合,大量的实践与事实表明,劳逸结合的锻炼方式能有效消除运动中的运动性疲劳,对于运动疲劳的恢复具有重要的帮助。

（1）通过增加睡眠时间。提高睡眠质量来消除运动性疲劳。

（2）运动前做好充分的准备活动,运动后做好整理活动,这样能有效预防和消除运动疲劳。

（3）参与者在结束运动锻炼后,不要立刻静止不动,要采用积极休息的方法逐渐从运动状态过渡到静止状态,可以采用放松走、变换活动部位等方式进行。这一积极休息的方式对于缓解运动疲劳,促进体能恢复具有重要的意义。

2. 心理调节

相关运动心理学研究表明,通过一定的心理干预可对大脑皮层调节和消除机体疲劳。心理调节可在宜人的环境中进行,要注意室内或室外的温度、光线、声音、空间、空气等应令人舒适,可以采用以下手段。

（1）进行充分的表象和冥想,树立参加运动锻炼的自信心。

（2）自我积极暗示,语言暗示与鼓励的方式能提升人的自信心。

3. 音乐疗法

音乐疗法是通过音乐作用于个体心理进而引起生理上的变化来消除个体运动健身疲劳的方法,是一种有效的心理干预方法。

第三节　体育舞蹈技能训练的运动伤病预防与处理

一、运动损伤的预防与处理

（一）运动损伤的预防

1. 预防运动损伤的意义

在体育舞蹈运动中，参与者受自身运动基础较差、准备活动不足以及周围环境等因素的影响，可能会发生一定的运动损伤，这是正常的，因为任何运动都会存在一定的风险性，要想完全避免是不可能的。但需要注意的是，我们可以通过各种手段和措施预防运动损伤，将运动损伤发生的概率降到最低。如果不事先采取积极的预防措施，就容易导致运动损伤。由此可见，加强运动损伤的预防是十分重要的。

在平时的学习和生活中，要时刻加强参与者的运动安全教育，让参与者充分认识到预防运动损伤的重要性。这对于参与者运动素质的提高具有十分重要的意义。

2. 运动损伤预防的原则

（1）提升指导者意识原则

参与者在参加体育舞蹈时需要专业人士的指导，这样才能保证运动的科学性和合理性。参与者在参加运动时要时刻提升自己的预防运动损伤的意识。在平时的活动中，要加强参与者预防运动损伤的教育工作，让参与者充分意识到预防运动损伤的重要性。除此之外，还要加强参与者体育防护技能的培养，提高参与者的运动防护技能水平。

（2）合理负荷原则

参与者参加体育舞蹈运动还要确定适宜的运动负荷，如果运动负荷不当就容易导致运动损伤。一个合理的运动负荷能极大地降低运动损伤发生的概率，确保参与者运动中的安全。但是，参与者要想更好地提升自身的运动技能水平，适当地增加运动负荷还是有必要的，只不过是

第六章　体育舞蹈技能训练的科学监督与保障研究

运动负荷的增加要适当,要与自身身体状况与技能水平相符合。

（3）全面加强原则

全面加强主要是指促进参与者身体素质的发展。要想获得理想的运动水平,参与者就需要具备良好的身体素质,良好的身体素质是参与者提高运动技能,杜绝运动损伤的重要基础和保障。因此,在平时还要重视参与者全面身体素质的发展。

（4）严格医务监督原则

为有效预防运动损伤,还需要加强医务监督。必要的医务监督有助参与者及时发现身体不适等状况,实现早发现、早处理的目的。除此之外,还要定期或不定期地检查各种体育硬件设施,杜绝安全隐患。

（5）自我保护原则

参与者在参加体育锻炼时还要注意自我保护,严格遵循自我保护的基本原则,努力提升自我保护意识,做好必要的自我保护动作,提升自我防护能力。

3. 运动损伤预防的措施

参与者参加体育舞蹈运动通常都带有一定的风险性,因此采取必要的预防措施是非常重要的,这样能有效降低运动损伤发生的概率。

具体而言,参与者在参加体力活动时可以采取以下预防损伤的措施和手段。

（1）加强力量素质的锻炼

力量素质在人体各项体能素质中占据着十分重要的地位。因为力量是其他各项素质的重要基础。参与者在参加体育活动的过程中就能展现出强大的爆发力与协调力,这对于运动损伤的预防具有非常大的帮助。如身体对抗中的两名参与者,身体力量占优的一方发生损伤的概率要相对低一些。由此可见,加强力量素质的锻炼非常有助于预防运动损伤。

（2）加强体格检查

在平时还要加强参与者的体格检查,这有助于参与者充分了解身体发展状况,从而制订出科学合理的活动方案,这对于预防运动损伤也具有重要的意义。

（3）加强自我保护

不同的运动项目,其保护和预防方法都有所不同,参与者要根据这些运动项目的特点学会自我保护的方法,在运动过程中加强自我保护,这样能有效预防运动损伤。

(4)维护良好的运动环境

参与者要想安全地参加体育舞蹈运动,还需要在一个良好的场地环境下进行,这对于参与者预防运动损伤也具有重要的意义。因此,在平时要密切关注体育场馆和设备的卫生及其他环境问题,加强运动器材的维护和整修,为参与者创造一个良好的运动环境。

(二)常见运动损伤的治疗

1. 擦伤

擦伤可以说一种常见的表皮损伤,擦伤后,多可表现为皮肤表皮剥脱,可伴渗液、出血。

通常来说,参与者在发生擦伤时,可以按照以下方法进行处理。

(1)较轻擦伤,生理盐水冲洗,涂抹红药水或紫药水或0.1%新洁尔溶液。

(2)大伤口擦伤:生理盐水刷洗、清理创面异物,碘酒或酒精消毒,涂云南白药,纱布包扎。

(3)关节擦伤,清洗、消毒、涂抹医用止血止痛药。

2. 拉伤

拉伤一般情况下是人体肌肉过度收缩或拉长导致,大参与者在参加体力活动过程中,常因准备活动不充分、动作用力过猛等而出现肌肉或韧带拉伤的情况。

参与者在发生拉伤现象时可以采取以下处理方法。

(1)轻度拉伤:冷敷,局部加压包扎,抬高患肢。

(2)严重拉伤:简单急救后,立即送医。

3. 关节脱位

关节脱位,指关节离开关节应在位置,关节脱位后关节及其周围肌肉有明显疼痛、肿胀、撕裂感,关节功能丧失。

参与者在发生关节脱位时可以采取以下处理方法。

第六章　体育舞蹈技能训练的科学监督与保障研究

（1）如有经验，可以及时复位。

（2）如无复位经验，及时送往医院救治。

4. 肩袖损伤

肩袖损伤主要是由肩关节超常范围急剧转动、劳损、牵拉、摩擦等引起。参与者在参加体力活动时，发生肩袖损，肩外展会感到一定的疼痛，肩外展或内旋疼痛会加重。

参与者发生肩袖损伤时可以采取以下处理方法。

（1）急性发作期间，暂停健身，肩关节制动，上臂外展 30°固定，以减小有关肌肉张力而减轻疼痛症状表现。

（2）进行必要的休息、调整后，可理疗、按摩和针灸。

（3）伴有肌腱断裂并发症时，立即送往医院救治。

5. 腰肌劳损

腰肌损伤是指参与者在运动时腰部长期保持同一个状态或腰部动作过多，腰部肌肉运动幅度过大，长时间疲劳没有恢复的情况下持续运动可导致腰肌劳损。腰肌劳损的症状一般为酸痛，具有刺痛感。

参与者在发生腰肌劳损时可以采取以下处理方法。

（1）可以采用理疗、按摩、针灸等治疗手段。

（2）可以口服针对性药物。

（3）用保护带及加强背肌练习进行运动康复。

（4）顽固病例应进行手术治疗。

6. 髌骨劳损

髌骨劳损是髌骨的关节软骨面和髌骨因缘股四头肌张腱膜的附着部分的慢性损伤，发病时，有膝软与膝痛现象。

参与者在发生髌骨劳损时可以采取以下处理方法。

（1）根据自身实际情况适当地调整运动量的大小。

（2）注意受伤部位的积极性休息。

（3）可以采取按摩、理疗等手段进行治疗。

7. 骨折

骨的完整性遭到破坏的损伤称为骨折。骨折后，骨断裂，有强烈疼痛感,伤部骨骼扭曲,有开放性伤口且严重者可见骨骼。

在发生骨折现象后,应尽量保持患者伤部固定不动,采取以下几种包扎固定的方法。

(1)锁骨骨折:包扎固定,可采用横8字形绷带法(图6-26)、双圈固定法(图6-27)、胶布条固定法(图6-28)。

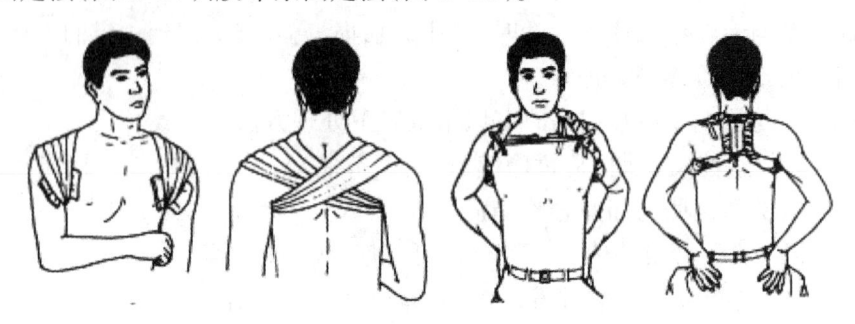

图6-26　　　　　　　　　图6-27

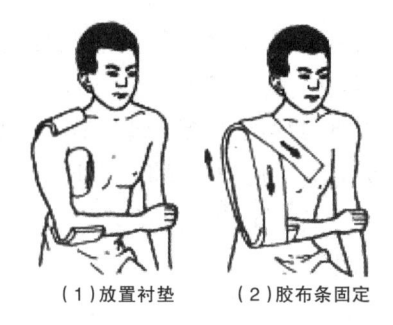

(1)放置衬垫　　(2)胶布条固定

图6-28

(2)尺桡骨干骨折:复位后,应用夹板固定(图6-29),或石膏固定。

图6-29

（3）肋骨骨折：可用胶布固定法，如患者对胶带过敏，可用宽绷带固定（图6-30）。

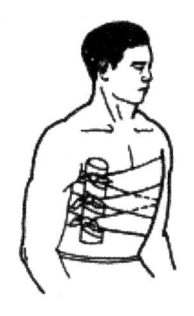

图6-30

（4）小腿骨折：骨折位置不同，注意包扎固定方法与位置的差异（图6-31）。

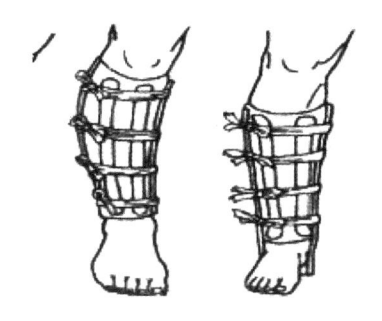

图6-31

二、运动疾病的预防与处理

（一）运动疾病的预防

1. 制订科学的训练计划

在具体的体育舞蹈运动中，要充分考虑参与者的性别、年龄和身体功能水平，制订出一个科学合理的锻炼计划。在举办相关的比赛或活动时也要依据参与者的身体实际进行，科学地安排活动或比赛。这对于预防运动疾病具有重要的意义和作用。

2.遵守运动训练的基本原则

参与者在参加体育舞蹈运动时要严格遵守全面发展、区别对待、安全锻炼等基本原则。在锻炼的过程中,参与者要尤其注意循序渐进地增加运动量,不能急于求成,否则就容易导致运动疾病。

3.避免疲劳积累

长时间参加体育舞蹈运动,身体难免会发生一定的疲劳现象。这就需要通过各种手段和方法来消除疲劳。这对于运动疾病的预防具有重要的意义。

4.加强训练的医务监督工作

加强医务监督也是预防运动疾病的一个非常重要的策略,这需要注意以下两个方面。

一方面,定期对参与者的身体做全面的检查,并进行相关身体功能的评定,及时发现导致运动疾病的各项隐患,从而采取针对性的措施与手段加以预防。

另一方面,及时了解参与者在运动过程中的身体反应与心理状态,并将结果及时反馈给体育教师,为锻炼计划的调整提供真实的客观依据。

(二)常见运动疾病的处理

1.过度紧张

不常参加体育舞蹈运动锻炼的参与者,突然加大运动负荷就可能导致对运动动作、技术方法不熟悉或心理因素(如担心别人嘲笑、担心旧伤复发)而发生过度紧张的现象。

过度紧张可令参与者的身心产生各种不适,轻者头晕、眼前发黑、面白、无力、站立不稳;严重者会出现嘴唇青紫,呼吸困难等症状。

参与者在参加体育舞蹈运动锻炼时,如果出现过度紧张的现象,可以采取以下处理方法。

(1)停止参加运动,进行必要的休息。

(2)急救时,患者平卧,衣服松解,同时注意保暖,点掐其内关和足三里穴。

（3）昏迷者，可掐人中使患者苏醒。

（4）休克者，先进行休克处理，然后送往医院救治。

2. 肌肉痉挛

肌肉痉挛，即抽筋，发生这一症状的主要原因在于准备活动不足。肌肉抽筋可导致肌肉不自主强直收缩、僵硬、疼痛，有一定的活动障碍。

参与者在发生肌肉痉挛时可以采取以下处理方法。

（1）轻者，牵引痉挛肌肉。

（2）腿部肌肉痉挛者，尽力直膝、伸踝、拉长痉挛肌肉，缓解肌肉的疼痛感。

3. 肌肉延迟酸痛

一般情况下，肌肉延迟酸痛多发生在本次的健身活动量突然超过之前的运动健身量，是机体肌肉不适应运动负荷的一种表现，发生这一现象后，参与者的身体局部会感到肌肉酸痛，有胀、麻感。

参与者在发生肌肉延迟酸痛现象时，可以采取以下几种处理方法。

（1）进行局部热敷或按摩。

（2）口服维生素 C 以缓解出现的各种症状。

（3）采取按摩、针灸或电疗等手段。

4. 运动性低血糖

低血糖是指个体空腹时血糖浓度低于 50 毫克/分升的一种症状表现。长时间在饥饿的状态下参加运动锻炼可导致低血糖症的发生。轻者面色苍白、心烦易怒；重者视物模糊、焦虑、昏迷。

参与者在发生运动性低血糖时可以采取以下处理方法。

（1）平卧、保暖。

（2）饮浓糖水或吃少量食品。

（3）低血糖昏迷者，可针刺人中穴，并迅速送往医院进行进一步的诊治。

5. 运动性高血压

运动性高血压主要是运动不当而导致的血压升高的病症，运动负荷过大时容易发病。这一病症的症状主要有头痛、头晕等。

参与者在发生运动性高血压时可以采取以下处理方法。

（1）适当地调节运动负荷量，注意运动期间的休息。

（2）进行适当的药物治疗。

6. 运动性贫血

一般情况下，正常男子的血红蛋白含量为0.69—0.83毫摩尔/升，正常女子的血红蛋白含量为0.64—0.78毫摩尔/升。运动中导致个体的血氧供应不足，出现贫血现象，其症状主要有头晕、恶心、呕吐等。

在发生运动性贫血时可以采取以下处理方法。

（1）减少运动量，必要时停止参加各种形式的体力活动。

（2）食用富含蛋白质、铁质、维生素的食物。

（3）服用抗贫血药物。

7. 运动性血尿

参与者在体育舞蹈运动锻炼的过程中，如果运动强度过大，就容易超出身体的承受度而导致运动血尿的现象。轻者仅可在显微镜观察下出现血尿，严重者有直观的血尿现象，并伴有腹痛、头晕等症状。

在发生运动性血尿时可以采取以下处理方法。

（1）进行全面的身体检查，排除病理性血尿，以免误诊。

（2）发现肉眼可见血尿，停止参加任何形式的运动。

（3）肉眼可见无明显症状，可以适当地调整运动负荷，保持合理的运动量。

8. 运动性腹痛

运动性腹痛，主要是因运动不当引起，一般性运动腹痛按压可缓解，无其他并发症。如果发生生理性腹痛需要引起高度重视。

在发生运动性腹痛时可以采取以下处理方法。

（1）及时地了解腹痛的性质和部位，排除病理因素。

（2）运动性腹痛，减小运动量或停止运动。

（3）肠胃炎、阑尾炎、炎症引发的腹痛应及时就医，以免延误病情。

9. 中暑

运动性中暑多发生在夏季户外长时间的体力活动中,机体处于高温环境,身体体温升高超出生理承受范围发生高热状态。

在发生中暑现象时可以采取以下处理方法。

(1)发现有中暑先兆,先到阴凉处避暑,适当饮水,解开衣物,湿毛巾擦拭身体。

(2)中暑严重者:降温、平卧,牵引痉挛肌肉,服含盐清凉饮料或解暑药。

(3)中暑衰竭和昏迷者:降温、平卧,掐人中、涌泉、中冲等穴,服含糖、盐的饮料,尽快送往医院进行治疗。

10. 休克

参与者在参加强度较大体育舞蹈运动时,机体遭受强烈的致病因素后通常会发生休克现象。在平时,休克这一现象并不常见,但是参与者也应学习和掌握这一方面的知识。

(1)如果患者症状较轻,可以采取安静平卧的方式缓解症状。如果患者症状严重,伴有心力衰竭,应保持安静,使其平卧,并做好患者的保暖。

(2)做上述处理后,还要服热开水及饮料,针刺或点人中、足三里、合谷等。

(3)如果休克的产生原因与骨折等外伤的剧痛有关,可以选择镇痛剂处理。

(4)做简单的处理后,及时送往医院进行诊治。

第七章 体育舞蹈拓展项目的技能训练研究

在参加体育舞蹈运动时,还可以进行一些拓展项目的训练,如中外民族民间舞蹈、大众健身舞蹈、校园集体舞蹈,这些拓展项目的训练具有较好的健身健心及社会价值,也有利于体育舞蹈技能的掌握。

第一节 中外民族民间舞蹈的技能训练

一、中国民间舞蹈

(一)蒙古族舞

1. 基本动作

(1)基本体态

身体面对 2 点钟方向,向右踏步,双手叉腰,提胯、立腰、拔背;上身稍微向左拧,重心稍微靠后,并呈稍微靠的状态,目视 8 点钟方向。

(2)基本手型

①自然掌。如图 7-1 所示。

图 7-1 自然掌

第七章 体育舞蹈拓展项目的技能训练研究

②空心拳,如图 7-2 所示。

图 7-2　空心拳

（3）基本手位

①体前斜下手,如图 7-3 所示。

②体前侧斜下手,如图 7-4 所示。

③斜上手,如图 7-5 所示。

图 7-3　体前斜下手 　　图 7-4　体前侧斜下手 　　图 7-5　斜上手

④平开手,如图 7-6 所示。

⑤胯前按手,如图 7-7 所示。

⑥胸前按手,如图 7-8 所示。

图 7-6　平开手 　　图 7-7　胯前按手 　　图 7-8　胸前按手

⑦肩前折臂，如图 7-9 所示。
⑧点肩折臂，如图 7-10 所示。
⑨后背端手，如图 7-11 所示。

图 7-9　肩前折臂 　　　　图 7-10　点肩折臂

图 7-11　后背端手

（4）基本脚位
①正步，如图 7-12 所示。
②小八字，如图 7-13 所示。
③大八字，如图 7-14 所示。
④虚丁位，如图 7-15 所示。

图 7-12　正步 　　　　图 7-13　小八字

第七章　体育舞蹈拓展项目的技能训练研究

图 7-14　大八字　　　　图 7-15　虚丁位

（5）基本舞步

①平步。平步又称"趟步"，一个拍子一步。重心往上提，稍微抬起脚跟，双膝稍微弯曲，双脚蹭地交替行进。

②碎步。用脚跟发力向前走，步子从低处起、小而快。

③错步。左脚向前迈，右脚在后面踏步，左脚再向前迈出一步。

④跑跳马步。第 1 拍，右腿向前吸起，脚尖朝下后左脚前掌踏跳一步。第 2 拍，动作同第 1 拍，方向相反。

（6）肩部动作

①柔肩。右肩向前推出，与此同时，向后拉左肩，然后，左侧肩部向前，右侧肩部同时向后。

②耸肩。肩向上方抬起，然后放下。

③碎抖肩。用肩胛部位发力，两肩快速均匀地前后抖动。

（二）维吾尔族舞蹈

1. 基本手型

（1）花形手：拇、中指相对，剩下的三个手指自然翘起。

（2）空心拳：空心握拳，放松拇指，让其自然贴在食指指尖的部位。

（3）拇指冲：空心握拳，放松拇指，让其自然地张开。

2. 基本手位

（1）叉腰手位：张开双手，虎口放在胯骨处，手腕向下方压，胳膊肘向前翻。

（2）平开手：双手呈掌形，掌心向 2 点钟和 8 点钟方向，手臂与肩部形成 90°。

（3）夏克手：以右为例，左手在右腰前压腕，右单顶手。

（4）托帽手（单手）：一只手叉腰，另一只手做托帽姿势，托帽手的肘部冲旁，要从腋下抬高。

（5）邀请手（单手）：右手平开手，手心向上，左手自然下垂，目视右手方。

（6）下穿手：指尖带动由上至下经肋部直下穿至体后。

（7）背手：手背在后边贴于腰部。

3. 基本脚位

（1）小八字位：脚跟并拢，脚尖自然向外打开，呈"八"字状。

（2）前点步：在小八字的基础上，左腿不动，右腿擦地向正前方出去，前点步半脚掌点地，脚背自然打开。

（3）后点步：在小八字的基础上，左腿不动，右腿擦地向斜后方出去，后点步半脚掌点地，脚背自然打开。

（4）踏步位：在小八字的基础上，左腿不动，右腿向正后方撤步，用前脚掌撑地，膝盖稍微弯曲，双腿内侧夹紧。

（5）交叉点步：小八字步位，重心放在左脚上，右脚掌向左前方点地。

4. 基本舞姿

双脚正步位，立腰、挺胸、垂肩、收腹、稍微仰头，眼睛平视或向斜下方看，双手自然下垂。

舞姿一：一只手扶在反方向的腰上，另一只手扶在反方向的肩上，眼睛向左下方看，上身稍微向前倾，行礼。

舞姿二：双手叉腰，脚前点步位，眼睛看1点钟方向。

舞姿三：双手向斜下方放，手压腕翘指，脚前点步，眼睛看1点钟方向。

舞姿四：用一手做托帽动作，另一手围腰，脚是后点步，眼睛看2点钟方向。

舞姿五：用一手做托帽动作，另一手斜上手，脚是后点步位。

舞姿六：双手平开立掌手，脚是后点步位，用一手做托帽动作。

二、外国民间舞蹈

（一）西班牙民间舞蹈

1. 手形

（1）西班牙手

中指向大拇指靠拢,其他的手指自然弯曲。

（2）并指

五指并拢。

2. 手位

（1）一位

两手自然放在身体后面,两手心相对。

（2）二位

手腕在胸前自然下垂,手心向外旋,距离胸 20 厘米,腕关节比肘关节低,肘关节比肩部低。

（3）三位

用腕带动手臂向上举起,放在头上。

3. 站位

（1）预备姿势

两脚呈外八字,手向下垂,放在身体两侧。

（2）男性站位

双腿并立直位,髋部向前方倾,留住上体,身体偏向左转 45° 左右,左手并拢,手指放在左胯处,右手向外打开至右下后方。大概距离身体 30 厘米,眼睛看向右手。

（3）女性站位和手位

身体面向 8 点钟方向,双腿直立,右前脚点地,双手放到后腰腰线处,平视远方。

（二）俄罗斯民间舞蹈

俄罗斯舞的基本动作如下。

1. 三步法

预备姿势：小八字步站立，双手叉腰。

第1—3拍：右脚开始向前平稳走三步，双手经体前打开至七位。

第4拍：右腿平稳稍微半蹲，同时左腿由后经过重心向前平稳地伸出去，并轻轻抬起25°，手保持在小七位上。

第5—7拍：左脚起步，平稳向前走三步，双手由七位收回至叉腰。

第8拍：左腿平稳稍微半蹲，同时右腿由后经过重心向前平稳地伸出去，并轻轻抬起25°，手保持叉腰。

2. 手风琴步

预备姿势：以自然外八字站位开始，完成动作一次为两小节。

第1—2拍：以右腿的脚掌为中心向外旋，同时左腿以脚跟为中心向内旋，双腿稍微半蹲。膝盖贴紧。

第3—4拍：右腿以脚跟为中心向内旋，左腿以脚掌为中心向外旋，双腿稍微半蹲。膝盖贴紧。

3. 平均结束的结束点

第1—2拍：右腿点三次，最后半拍重心移动到右腿上，左腿抬起向前踏点一次。

第3拍：右腿向后跳起，左腿向后迈步。

第4拍：踏地。右脚踏地一次。

第二节　大众健身舞蹈的技能训练

当前健身运动发展迅猛，许多舞蹈相继被人们运用于健身行列中，下面着重对爵士舞和踢踏舞加以阐析。

第七章　体育舞蹈拓展项目的技能训练研究

一、爵士舞

(一)爵士舞的律动

1. 头部的律动

(1)移动

身体保持不动,头部向左右方向平移。

(2)伸缩

身体保持不动,头向前伸出再向后缩回。

(3)抖动

肩快速地做上下小幅度振动。

(4)甩头

头快速、大幅度地向某一方向甩出。

(5)点头

头向前(后、左、右)屈再还原。

(6)弹动

可以一侧(或双侧)做上下、前后方向的有节奏的顶出再回的动作,也可以做一侧向斜上方向的弹动。

2. 胸部的律动

(1)平移

胸向左(右)方向移动。

(2)平圆

胸经向前、左(右)、后、右(左)方向地绕动。

(3)弹挺

向前含胸,再快速地向后展开。

(4)甩胸

快速、大幅度地向某一方向甩出。

3. 胯部的律动

(1)转动

双胯做经前、右(左)、后、左(右)绕一圈的动作,或单胯做向外或

(内)的绕动。

（2）弹动

胯部收含,再展开。

（3）摆动

胯向侧摆出,再收回。

（4）顶胯

胯向一侧上提顶出。

4.膝部的律动

（1）摆动

以脚为轴向某一方向作摆出,再回摆。

（2）弹动

膝先屈再直。

（3）绕动

屈膝向外(内)绕动。

5.躯干的律动

（1）屈

上体向侧(前、后)弯曲。

（2）波浪

躯干做一次传导顶出。

(二)爵士舞的步法

1.点步

脚伸出,脚尖点地,重心放在支撑腿上。

2.交叉步

向身体的异侧方向迈步行进的步伐。

3.弹跳步

双腿屈伸跳起,依次向前伸出。

第七章 体育舞蹈拓展项目的技能训练研究

4. 爵士走步

跳起转胯走动的步伐。

5. 蹲

双膝向下弯曲。

6. 蹲跳

蹲着向前跳。

7. 移动

身体向某一方向平行移动。

8. 转动

以自身的垂直轴为轴,身体向某一方向转动。

二、踢踏舞

点步:重心从一只脚移到另一只脚,前脚掌落地,后跟不落地。
触步:不转移重心,用脚掌或后跟落地。
踏步:重心落在全脚掌上,包括双脚重心的转移。
弹踏步:全脚掌落地,但不转移重心,踏步之后,脚向上抬离开地面。
敲步:支撑腿的前脚掌落地。
落步:支撑腿的后跟落地。
刷子步:脚部向前擦出,用前脚掌擦击地面并迅速离开地面。
后擦步:动作同前擦步,但脚部向后擦回。
拖擦步:与前擦步相似,但后跟擦击地面。
后击步:脚尖后异侧打击地面弹起。
挖步:后跟铁片和地面成45°,脚跟停留在地板上。
轮步:"Step + Heel"脚抬高,由上往下脚掌敲击地板,然后脚跟落步。结束时脚掌停留在地板上。

第三节　校园集体舞蹈的技能训练

一、集体舞与校园集体舞

集体舞是练习者为达到健身、自娱以及交际目的而参与的集体性舞蹈形式。

顾名思义,校园集体舞就是在校园开展的集体舞。校园集体舞在校园的普及程度较高,是开展校园体育活动比较常见的一种形式,还是构成校园文化的关键组成部分。

二、校园维也纳华尔兹集体舞

(一)校园维也纳华尔兹集体舞概述

校园维也纳华尔兹是一种快三拍节奏的舞蹈,舞曲比较轻快和明朗,舞步平稳而庄重,舞者裙摆飞扬,能给人以美的享受。维也纳华尔兹可以说有着悠久的历史,属于体育舞蹈中一个重要的舞种。其风格鲜明独特,动作舒展大方,节奏欢快清晰,旋律活泼优美,舞步轻快流畅,对观者具有强大的感染力。因此这项运动深受热爱跳舞的人的欢迎,在校园中也受到一部分学生,尤其是女生的欢迎。

(二)校园维也纳华尔兹集体舞的基本舞步

1. 上步行礼(表 7-1)

表 7-1　上步行礼基本动作

性别	节拍	脚步动作	手臂动作
男	1	右脚向旁横跨一步	两臂经前至侧平举,掌心向上
	2	左脚并右脚,同时左转 90°	左手背于腰间,右手贴于左胸前,身体前倾 25° 行礼

第七章 体育舞蹈拓展项目的技能训练研究

续表

性别	节拍	脚步动作	手臂动作
	3	左脚向前一小步	两臂经前至侧平举,掌心向上
	4	右脚并左脚,转体还原	左手牵举女舞伴右手前举,右手手背于腰间,肩并肩站立
女	1	左脚向旁横跨一步	两臂经前至侧平举,掌心向下
	2	右脚点地于左脚后,同时右转90°,双膝微屈	双手牵举两侧裙摆
	3	右脚向前一小步	双手牵举两侧裙摆
	4	左脚并右脚,转体还原	右手搭在男舞伴左手上,左臂侧平举,肩并肩站立

2. 向前华尔兹(表7-2)

表7-2 向前华尔兹基本动作

性别	节拍	脚步动作	手臂动作
男	1	左脚前进华尔兹	右手背于腰间,左手牵举女舞伴右手,掌心向上
	2	右脚前进华尔兹	
	3	同1拍	
	4	同2拍	
女	1	右脚前进华尔兹	右手搭在男舞伴左手上,左臂侧平举
	2	左脚前进华尔兹	
	3	同1拍	
	4	同2拍	

3. 前进后退步(表7-3)

表7-3 前进后退步基本动作

性别	节拍	脚步动作	手臂动作
男	1	左脚前进华尔兹	两臂经前上举,掌心相对
	2	右脚前进华尔兹	两臂经前下摆,还原体侧
	3	同1拍	同上
	4	同2拍,最后一拍男女面对面	同上,最后一拍双手背于腰间,眼睛对视

129

续表

性别	节拍	脚步动作	手臂动作
女	1	右脚前进华尔兹	两臂经前上举,掌心相对
	2	左脚前进华尔兹	两臂经前下摆,还原体侧
	3	同1拍	
	4	同2拍,最后一拍男女面对面	同上,最后一拍双手背于腰间,眼睛对视

4. 向侧转体华尔兹(表7-4)

表7-4 向侧转体华尔兹基本动作

性别	节拍	脚步动作	手臂动作
男	1	1拍左脚旁侧步,2拍右脚点地于左脚后,3拍左脚并右脚	两臂侧举,男女舞伴掌心相对互握
	2	同1拍,方向相反	
	3	1拍左脚旁侧步开始左转,2拍右脚继续旁侧步左转360°,3拍左脚并右脚	背手于腰间
	4	右脚开始原地华尔兹	最后一拍男女舞伴掌心相对互握
	5—8	同1—4拍,方向相反	第8小节双手背于腰间
女	1	1拍右脚旁侧步,2拍左脚点地于右脚后,3拍右脚并左脚	两臂侧举,男女舞伴掌心相对互握
	2	同1拍,方向相反	背手于腰间
	3	1拍右脚旁侧步开始右转,2拍左脚继续旁侧步右转360°,3拍右脚并左脚	
	4	左脚开始原地华尔兹	最后一拍男女舞伴掌心相对互握
	5—8	同1—4拍,方向相反	第8小节双手背于腰间

第七章 体育舞蹈拓展项目的技能训练研究

5. 换位华尔兹(表 7-5)

表 7-5　换位华尔兹基本动作

性别	节拍	脚步动作	手臂动作
男	1	1拍左脚旁侧步,2拍右脚点地于左脚后,3拍左脚并右脚	右肩朝前,双手背于腰间,眼睛对视
	2	同1拍,方向相反	同上,左肩向前
	3	左脚前进华尔兹	右肩朝前,背对背交换位置,双手背于腰间。眼睛对视
	4	右脚开始原地华尔兹,右后转体180°	背手于腰间
	5—8	同1—4,方向相反	第8小节成右手握舞伴右手
女	1	1拍右脚旁侧步,2拍左脚点地于右脚后,3拍右脚并左脚	双手背于腰间,眼睛对视
	2	同1拍,方向相反	
	3	右脚前进华尔兹	右肩朝前,背对背交换位置,双手背于腰间,眼睛对视
	4	左脚开始原地华尔兹,右后转体180°	背手于腰间
	5—8	同1—4	第8小节成右手握舞伴右手

6. 转位造型(表 7-6)

表 7-6　转位造型基本动作

性别	节拍	脚步动作	手臂动作
男	1	左脚前进华尔兹	男女相对站立,右手握舞伴右手上举,左手背于腰间
	2	右脚后退华尔兹	右手前平举
	3	左脚原地华尔兹	右臂上举,左手握舞伴左手
	4	右脚后退华尔兹	左臂自然弯曲腰间,右臂上举
	5	同3	
	6	同4	
	7	同3	同3
	8	同4	右臂前举,左手背于腰间

131

续表

性别	节拍	脚步动作	手臂动作
女	1	右脚前进华尔兹	男女相对站立,右手握舞伴右手上举,左臂侧平举
	2	左脚后退华尔兹	右臂前平举,左臂侧平举
	3	右脚前进华尔兹,同时臂下右转180°	右臂上举,左手握舞伴左手
	4	左脚后退华尔兹	
	5	右脚前进华尔兹	
	6	同4	
	7	右脚前进华尔兹,同时臂下左转180°	同3
	8	左脚后退华尔兹	右臂前举,左臂侧平举

7. 交叉前进后退华尔兹(表7-7)

表7-7 交叉前进后退华尔兹

性别	节拍	脚步动作	手臂动作
男	1	左脚向右斜前方前进华尔兹	左臂前举,屈肘,掌心向前和舞伴对掌一次,右臂背手于腰间
	2	右脚后退华尔兹	双手背于腰间
	3	左脚向左斜前方前进华尔兹	右臂前举,屈肘,掌心向前和舞伴对掌一次,左臂背手于腰间
	4	右脚后退华尔兹	双手背于腰间,眼睛对视
女	1	左脚向右斜前方前进华尔兹	左臂前举,屈肘,掌心向前和舞伴对掌一次,右臂背手于腰间
	2	右脚后退步	双手背于腰间
	3	左脚向左斜前方前进华尔兹	右臂前举,屈肘,掌心向前和舞伴对掌一次,左臂背手于腰间
	4	右脚后退华尔兹	双手背于腰间,眼睛对视

第七章 体育舞蹈拓展项目的技能训练研究

8. 跪膝绕转(表7-8)

表7-8 跪膝绕转基本动作

性别	节拍	脚步动作	手臂动作
男	1	左脚前进一步成右膝跪地	右臂上举牵举女舞伴右手,左手背于腰间
男	2	同1拍	同1拍
男	3	同1拍	同1拍
男	4	同1拍,最后一拍还原为起始动作	同1拍
女	1	右脚前进华尔兹,围绕男舞伴顺时针转1/4圈	右手搭于男舞伴右手,左臂侧平举
女	2	左脚前进华尔兹,继续顺时针转1/4圈	同1拍
女	3	同1拍	同1拍
女	4	同2拍	同2拍,男舞伴右手握女舞伴的右手,另一手侧举成肩并肩的姿势

9. 原地绕转(表7-9)

表7-9 原地绕转基本动作

性别	节拍	脚步动作	手臂动作
男	1	左脚开始原地基本华尔兹	右臂上举牵举女舞伴左手,左手背于腰间
男	2	右脚原地基本华尔兹	同1拍
男	3	同1拍	同1拍
男	4	同2拍,还原为起始动作	最后一小节左手牵举女舞伴右手,另一手侧举成肩并肩的姿势
女	1	右脚前进华尔兹,围绕男舞伴顺时针转1/4圈	右手搭于男舞伴右手,右臂侧平举
女	2	左脚前进华尔兹,继续绕转1/4圈	同1拍
女	3	同1拍	同1拍
女	4	同2拍	最后一拍右手搭在男舞伴左手上,另一手侧举成肩并肩舞姿

10. 交换舞伴（表 7-10）

表 7-10　交换舞伴基本动作

性别	节拍	脚步动作	手臂动作
男	1	左脚前进华尔兹	左手握女舞伴的右手,另一手背于腰间
	2	右脚前进华尔兹	同上
	3、4	同1、2	同1、2
	5	左转华尔兹	双手背于腰间
	6	继续左转华尔兹	双手背于腰间
	7	左脚原地基本华尔兹	左臂前举,右手背于腰间,等待下位舞伴
	8	右脚前进华尔兹	交换舞伴
女	1	右脚前进华尔兹	双手背于腰间
	2	左脚前进华尔兹	双手背于腰间
	3、4	同1、2	同1、2
	5	右转华尔兹	双手背于腰间
	6	继续右转华尔兹	双手背于腰间
	7	右脚前进华尔兹	右臂前举,左臂侧平举
	8	左脚前进华尔兹	交换舞伴

三、校园萨尔萨集体舞

（一）校园萨尔萨集体舞概述

萨尔萨舞属于一种拉丁风格的舞蹈,其具有热情奔放的特点,节奏强烈,讲究两个人默契的配合。萨尔萨舞不仅可以男女对跳,还能以自由独舞或以集体舞的形式展现,它简单易学,具有极强的健身性、娱乐性及社交性,能充分释放情绪,减轻压力,增强团队协作能力。

校园萨尔萨集体舞是根据萨尔萨的基本动作元素、基本舞步配以简单的双人配合、位置变化、手臂动作和方向变化创编而成的。通过校园萨尔萨集体舞的学习,能为学习萨尔萨舞奠定良好的基础。

第七章 体育舞蹈拓展项目的技能训练研究

(二)校园萨尔萨集体舞的基本舞步

1. 左右步(4小节)(表7-11)

表7-11 左右步基本动作

性别	节	拍	脚步动作	手臂动作
男	一	1	左脚内收于右脚旁,踏一步重心在左脚	闭式舞姿的握持方法
		2	右脚原地踏一步,交换重心	
		3	左脚向旁横步	
		4	右脚脚尖点地	
	二	1	右脚内收于左脚旁,踏一步重心在右脚	
		2	左脚原地踏一步,交换重心	
		3	右脚向旁横步	
		4	左脚脚尖点地	
	三		同一	
	四		同二	
女	一	1	右脚内收于左脚旁,踏一步重心在右脚	闭式舞姿的握持方法
		2	左脚原地踏一步,交换重心	
		3	右脚向旁横步	
		4	左脚脚尖点地	
	二	1	左脚内收于右脚旁,踏一步重心在左脚	
		2	右脚原地踏一步,交换重心	
		3	左脚向旁横步	
		4	右脚脚尖点地	
	三		同一	
	四		同二	

2. 前进步（4小节）（表7-12）

表7-12 前进步基本动作

性别	节	拍	脚步动作	手臂动作
男	一	1	左脚前进一步	闭式舞姿的握持方法
男	一	2	右脚前进一步	
男	一	3	左脚前进一步	
男	一	4	右脚脚尖点地	
男	二	1	右脚前进一步	
男	二	2	左脚前进一步	
男	二	3	右脚前进一步	
男	二	4	左脚脚尖点地	
男	三		同一	
男	四		同二	
女	一	1		闭式舞姿的握持方法
女	一	2		
女	一	3		
女	一	4		
女	二	1		
女	二	2		
女	二	3		
女	二	4		
女	三		同一	
女	四		同二	

3. 后退步（4小节）（表7-13）

表7-13 后退步基本动作

性别	节	拍	脚步动作	手臂动作
男	一	1	左脚后退一步	闭式舞姿的握持方法
男	一	2	右脚后退一步	
男	一	3	左脚后退一步	

续表

性别	节	拍	脚步动作	手臂动作
		4	右脚脚尖点地	
	二	1	右脚前进一步	
		2	左脚前进一步	
		3	右脚前进一步	
		4	左脚脚尖一步	
	三		同一	
	四		同二	
女	一	1	右脚前进一步	闭式舞姿的握持方法
		2	左脚前进一步	
		3	右脚前进一步	
		4	左脚脚尖点地	
	二	1	左脚前进一步	
		2	右脚前进一步	
		3	左脚前进一步	
		4	右脚脚尖点地	
	三		同一	
	四		同二	

4. 左右换位步（4小节）（表7-14）

表7-14 左右换位步基本动作

性别	节	拍	脚步动作	手臂动作
男	一	1	左脚原地踏步一次	闭式舞姿的握持方法
		2	右脚原地踏步一次	
		3	左脚原地踏步一次	左手与女士右手相握，右手叉腰
		4	右脚脚尖点地	同3
	二	1	右脚原地踏步一次	左手与女士右手相握，右手叉腰
		2	左脚原地踏步一次	

137

续表

性别	节	拍	脚步动作	手臂动作
		3	右脚原地踏步一次	交换互握手
		4	左脚脚尖点地	同3
	三		同一	交换互握手
	四		同二	交换互握手
女	一	1	右脚后侧一步,同时右后转体90°	闭式舞姿的握持方法
		2	左脚前进一步	
		3	右脚前进一步,同时向左转体180°	右手与男士左手相握,左臂侧举
		4	左脚前点地	同3
	二	1	左脚后侧一步	右手与男士左手相握,左臂侧举
		2	右脚前进一步	右手与男士左手相握,左臂侧举
		3	左脚前进一步,同时向右转体180°	交换互握手
		4	右脚前点地	同3
	三		同一	交换互握手
	四		同二	交换互握手

5.背后换手换位(2小节)(表7-15)

表7-15 背后换手换位基本动作

性别	节	拍	脚步动作	手臂动作
男	一	1	左脚原地踏步一次,开始向左转体	右手与女士左手相握
		2	右脚原地踏步一次,上体继续向左转体	背后两手交叉
		3	左脚原地踏步一次,上体完成左转90°	完成换手,左手与女士右手相握,左手叉腰
		4	右脚原地点地	

第七章 体育舞蹈拓展项目的技能训练研究

续表

性别	节	拍	脚步动作	手臂动作
女	二	1	右脚原地踏步一次	
		2	左脚旁侧一步	
		3	右脚并左脚	
		4	左脚原地点地	左手与女士右手相握,右手叉腰,成扇形位打开
	一	1	右脚后退一步	左手与男士右手相握
		2	左脚旁侧一步,向男士身后移动	两手交叉互握
		3	右脚并左脚	完成换手,右手与男士左手相握,左臂侧平举
		4	左脚原地点地	
	二	1	左脚原地踏步一次	
		2	右脚旁侧一步	
		3	左脚并右脚	
		4	右脚原地点地	右手与男士左手相握,成扇形位打开,掌心向下

6. 前进转体后撤步(4小节)(表 7-16)

表 7-16 前进转体后撤步基本动作

性别	节	拍	脚步动作	手臂动作
男	一	1	左脚前进一步	左手与女士右手相握,右手叉腰
		2	右脚前进一步,向左转体 90°	左手与女士右手相握,右手叉腰
		3	左脚向后侧一步,继续向左转体 90°	右臂胸前屈肘,身体成半开式相对位
		4	右脚前点地	右手与女士左手合掌
	二	1	右脚前进一步	右臂胸前屈肘,身体成半开式相对位
		2	左脚前进一步,向右转体 90°	左手与女士右手相握,右手叉腰

139

续表

性别	节	拍	脚步动作	手臂动作
		3	右脚向后侧一步,继续向右转体90°	左手与女士右手相握,成扇形位打开,掌心向下
		4	左脚前点地	
	三		同一	同一
	四		同二	同二
女	一	1	右脚前进一步	左臂侧平举
		2	左脚前进一步,向右转体90°	右手与男士左手相握,左臂侧平举
		3	右脚向后侧一步	左臂胸前屈肘,身体成半开式相对位
		4	左脚前点地	左手与男士右手合掌
	二	1	左脚前进一步	左臂胸前屈肘,身体成半开式相对位
		2	右脚前进一步,向左转体90°	右手与男士左手相握,左臂侧举,掌心向下
		3	左脚向后侧一步	右手与男士左手相握,成扇形位打开,掌心向下
		4	右脚前点地	
	三		同一	同一
	四		同二	同二

7. 转身换位(4小节)(表7-17)

表7-17 转身换位基本动作

性别	节	拍	脚步动作	手臂动作
男	一	1	左脚旁侧一步	左手与女士右手相握,右手叉腰
		2	右脚并左脚	双手相握
		3	左脚旁侧一步	右手与女士左手相握,左手叉腰
		4	右脚原地点地	

第七章　体育舞蹈拓展项目的技能训练研究

续表

性别	节	拍	脚步动作	手臂动作
	二		同一，方向相反	同一，方向相反
	三		同一	同一
	四		同二	同二
女	一	1	右脚前进一步，开始右转	右手与男士左手相握，左臂侧举
		2	左脚前进一步，在男士身体前继续右转	双手相握
		3	右脚旁侧步，向右转体360°，从男士左边换位至右边	左手与男士右手相握，右臂侧举
		4	左脚原地点地	
	二		同一，方向相反	同一，方向相反
	三		同一	同一
	四		同二	同二

8.换位造型（3小节）（表7-18）

表7-18　换位造型基本动作

性别	节	拍	脚步动作	手臂动作
男	一	1	左脚旁一步，开始右转	左臂上举与女士右手相握，右手叉腰
		2	右脚并左脚，继续右转，从女士身后前行	左臂提肘上举，帮助女士完成臂下左转
		3	左脚后退一步，完成右转90°	
		4	右脚脚尖点地	左手握女士右手前举
	二		同一，方向相反	同一，方向相反
	三		同一	同一
女	一	1	右脚前进一步，开始左转	右臂上举，掌心向上，左臂胸前屈肘
		2	左脚向前一步，继续左转，在男士身体前行	右臂屈肘上举，臂下左转
		3	右脚后侧一步，左转180°	
		4	左脚脚尖前点地	右手握男士左手

续表

性别	节	拍	脚步动作	手臂动作
	二		同一,方向相反	同一,方向相反,成扇形位,掌心向下
	三		同一	同一

9. 交换舞伴(1小节)(表7-19)

表7-19 交换舞伴基本动作

性别	节	拍	脚步动作	手臂动作
男	一	1	右脚前进一步,从舞伴右侧行进	左臂前伸迎接下一位舞伴,右手叉腰
		2	左脚前进一步	
		3	右脚前进一步	
		4	左脚脚尖侧点地	完成拉丁闭式位站位
女	一	1	左脚前进一步,从舞伴右侧行进	两臂屈肘背于腰侧
		2	右脚前进一步	
		3	左脚前进一步	右臂前伸和下一位舞伴左手相握
		4	右脚脚尖侧点地	完成拉丁闭式位站位

参考文献

[1] 胡杜娟. 体育舞蹈赏析与研究 [M]. 郑州：郑州大学出版社，2020.

[2] 张向东，郑华. 体育舞蹈教学密码 [M]. 福州：福建科学技术出版社，2020.

[3] 石犇. 健美操与体育舞蹈的形体训练研究 [M]. 长春：吉林出版集团股份有限公司，2020.

[4] 赵立秋. 体育舞蹈的艺术特征与审美教育 [M]. 天津：天津科学技术出版社，2020.

[5] 李丹，林欣甫. 体育舞蹈基础教程 [M]. 北京：北京体育大学出版社，2019.

[6] 李文靖. 体育舞蹈教学与创新研究 [M]. 北京：北京工业大学出版社，2019.

[7] 陈姜华. 体育舞蹈基础教学与表演实践探索 [M]. 长春：吉林大学出版社，2019.

[8] 唐绪明. 体育舞蹈理论与体育教学训练 [M]. 长春：吉林大学出版社，2019.

[9] 熊浩然. 体育舞蹈与全民健身 [M]. 北京：科学技术文献出版社，2018.

[10] 王华，关磊，王永刚. 体育舞蹈 [M]. 北京：北京师范大学出版社，2015.

[11] 赵晓玲. 体育舞蹈教程 [M]. 重庆：重庆大学出版社，2017.

[12] 张瑞林. 体育舞蹈 [M]. 北京：高等教育出版社，2005.

[13] 陈泽刚. 体育舞蹈技法概论 [M]. 北京：中国纺织出版社，2018.

[14] 赵伟奇. 体育舞蹈文化特征探微 [J]. 体育科技，2015（3）：151-152.

[15] 习寿华. 体育舞蹈运动技术理论探讨 [J]. 成都体育学院学报, 2001（4）: 79-81.

[16] 李新愉. 体育舞蹈运动技术特点及专项力量训练的研究分析 [J]. 当代体育科技, 2020, 10（7）: 67-69.

[17] 赵霞. 体育舞蹈服装发展趋势的研究 [J]. 当代体育科技, 2017, 7（35）: 245-246.

[18] 左志云. 探析体育舞蹈审美特征 [J]. 当代体育科技, 2019, 9（28）: 211+215.

[19] 马士珍. 体育舞蹈文化在我国的传播及发展研究 [D]. 山东师范大学, 2014.

[20] 刘渊. 传播学视角下体育舞蹈的发展策略研究 [D]. 西安体育学院, 2018.

[21] 荣丽. 体育舞蹈基础教程 [M]. 北京: 北京航空航天大学出版社, 2007.

[22] 邓援朝, 邓红妮, 黄明强. 体育舞蹈与健美运动 [M]. 广州: 中山大学出版社, 2003.